JN189062

発達障害のある子を担任！どんな準備をするか

『向山洋一は障害児教育にどう取り組んだか』に学ぶ

向山洋一・大場龍男・伊藤寛晃

学芸みらい社
GAKUGEI MIRAISHA

まえがき

二〇一七年五月に学芸みらい社の樋口雅子氏から久しぶりに雑誌の原稿依頼をいただきました。その封書には短い手紙も同封されていて、「『向山洋一は障害児教育にどう取り組んだか』を復刻したいと思っています、相談させて下さい」とさらりと書かれていました。私は驚くと同時に名誉なことだと思い翌月に七年ぶりに樋口さんとお会いしました。翔和学園の伊藤寛晃学園長と私の家内にも同席してもらってこの本の企画が動き始めました。

『向山洋一は障害児教育にどう取り組んだか』（明治図書）を私が向山洋一先生と共著で出版したのが今から一八年前の二〇〇〇年一二月のことでした。向山先生の障害児教育の実践をまとめて私の役割は終わったと思っていました。私がこの本のまえがきに書いた、「私は紹介者の役割しか果たせていません」が私の正直な思いでした。ところがこの本はとんでもない場へと私を押し出していきました。

世の中には特別支援教育の大きなムーブが起こっていました。軽度発達障害やグレーゾーンという用語がにわかに注目されるようになりました。そんな中で二〇〇二年四月七日の朝、向山先生から突然電話をいただきました。「障害児教育のまったく新しい雑誌を出すことになった。大場君に編集をやってもらう」と言われました。やるしかありませんでした。新雑誌は一一月に『教室の障害児』（のちに『特別支援教育教え方教室』と改称）という名前で発刊されると大きな反響を呼び品切れ状態となり増刷されました。

ちょうどその頃に『向山洋一は障害児教育にどう取り組んだか』に運命的な出会いをした人がいました。翔和学園の前身であるステップアップアカデミーを立ち上げたばかりの伊藤寛晃先生です。伊藤先生はこの本の障害児の大学づくりや働く場づくり（きじの会）の話に大いに刺激を受けて学校経営を考えていったそうです。私はネットを通じて二〇〇三年に伊藤先生と知りあい天下の険サークルにお誘いしました。そこで一緒に学びあう仲間となりました。

二〇〇七年に『特別支援教育教え方教室』は五年間お世話になった横山浩之ドクターとお別れし、新しいスターを必要としていました。私は長いつきあいである伊藤先生を向山先生に紹介し、同年五月の新生TOSS特別支援教育セミナーで伊藤先生は全国デビューされました。伊藤先生の情熱的な講座が参加された先生がたの拍手喝さいを浴び大きく注目されるようになりました。やがて伊藤先生は二〇一一年に『翔和学園〝生きる気力を育てる〟発達障害教育』（明治図書）を出版されました。今、私は翔和学園で伊藤先生と一緒に仕事をしています。『向山洋一は障害児教育にどう取り組んだか』が取り結んでくれた縁のありがたさを感じます。

今回復刻のお話をいただき、『向山洋一は障害児教育にどう取り組んだか』の中の「第一章　教師生活十年目の障害児教育」のみを復刻しました。この吉岡くんへの実践は向山先生の『教師修業十年』にも載っていて有名です。「嵐のように熱く長く続く拍手」の場面に注目が集まりがちですが、私も伊藤先生も向山実践から継承すべきは「障害を持つ子を担任する時にどんな準備をするか」にあると強く主張します。それは本書の3章「翔和学園は『向山洋一は障害児教育にどう取り組んだか』をどう使っているか」で主張しています。そして向山実践の「障害を持つ子を担任する時にどんな準備をするか」の5つの原則を使った実践を4章「翔和学園の実践」で紹介しています。また、「向山先生の実践の分析」を自らやってみました。2章「『向山洋一は障害児教育にどう取り組んだか』をこう読む　吉岡くんはなぜ変わったか」です。本書を刊行することによって向山先生の障害児教育実践の神髄を継承し、「より価値ある教育をしたいという絶えざる追究過程への参加」を今後も果たしていきたい。

二〇一八年六月

大場龍男

目次

まえがき　2

序章

『向山洋一は障害児教育にどう取り組んだか』の歴史的位置【大場龍男】

1　教師人生の出発点で出会った障害児が原点だった　10
2　厳しく自己を射よ　教師生活十年目に出会った障害児　12
3　今も座右の銘とされる向山洋一の障害児教育・５つの手だて　14
4　『授業の腕をあげる法則』と障害児教育　15
5　ニーズに対応する教育と５つの手だて　16

1章

再録「教師生活十年目の障害児教育」【向山洋一・大場龍男】

一　初めて障害児を担任する教師からのメール――18
二　転校を迫られた障害を持つ子の担任を引き受ける――20

三　障害を持つ子を担任する時にどんな準備をするか――22
1　記録を何度も読んで分析する　24
2　教育は可能か　根本的な方針を問う　28
3　母に会いにいく　32
4　自分の弱さを射続けよ　34
5　綿密な計画なくして成功なし　37

四　プロは開幕戦に全力を注ぐ　黄金の三日間で学級を組織せよ――42
1　障害児学級でも黄金の三日間はあてはまるか　42
2　始業式当日――緊張の四十分　46
3　第二日目　51
4　第三日目　55

五　誰でも可能性があることを跳び箱を全員とばして証明せよ――61
1　学級経営における跳び箱の位置　61
2　跳び箱がとべた！　吉岡くんもとべた！　63
3　教室のダイナミズム　一人の変化は全体に波及する　65

六　「一人ももれなく」の信条がためされる時――67
1　「一人ももれなく」の信条の宣言　67
2　嵐のように熱く長く続く拍手〈『スナイパー』No.42〉　69
3　嵐の如き拍手に呼応して、母なる大地から　72

4　教育は手品ではない　75
5　開きはじめた鉄の扉　76
6　鉄の扉とは何か　78

七　日々の記録にみる吉岡くんの成長――81
1　「嵐のように熱く長く続く拍手」の前　82
2　「嵐のように熱く長く続く拍手」の後　87

八　吉岡くんへの教育実践をふりかえる――90
1　緊張の日々をかえりみて　90
2　遠い目標なれど　94

2章　『向山洋一は障害児教育にどう取り組んだか』をこう読む【大場龍男】

一　吉岡くんはなぜ変わったか（1）
障害児の力はその子の力を認めてくれる教師の下で伸びる――99
1　いかにして内面の力を認めていったか　99
2　問題は教師の見方の変化だった　100
3　極端に違う障害児の評価　102

4　母の言うことが正しかった　103

二　吉岡くんはなぜ変わったか（2）
自立には大きな受容が必要だ――106
1　吉岡くんと受容　106
2　テッチャと私　107
3　吉岡くんの孤独　108

三　吉岡くんはなぜ変わったか（3）
愛情だけでは子どもは伸びない、教育技術が必要である――110
1　障害児教育の原理と向山実践の共通性　110
2　刺激の統制　アメリカ心理学に学ぶ　112

四　吉岡くんはなぜ変わったか（4）
差別の構造を破壊せよ――115
1　水泳全員リレーと吉岡くん　115
2　障害児と全員リレー　117
3　乙武くんの運動会　118
4　勝敗がつく競技には障害児を参加させない小学校　121

五　吉岡くんはなぜ変わったか（5）
努力の継続と丁寧な作業態度を育てる――124
1　吉岡くんのその後　124

2　向山洋一の能力観　124
3　自ら努力を継続するための手立て　125
4　継続して努力する能力を育てる　日記指導　126
5　遅れた子への作業指導の3つの視点　127
6　丁寧に正確にやることを求める　128
六　吉岡くんはなぜ変わったか（6）
名取伸子さんの証言――130
1　最初からいっしょで意識することがなかった　130
2　全体の中で無理なく褒める　131
3　特別扱いに見えない特別扱い　132

3章

翔和学園は『向山洋一は障害児教育にどう取り組んだか』をどう使っているか

【大場龍男・伊藤寛晃】

一　翔和学園の新人研修用おすすめ本――134
1　翔和学園必読書（全員に無料で渡される）　134
2　おすすめ本　134

二　神髄は「障害を持つ子を担任するときにどんな準備をするか」にある―― 135
1　暴れる高校生の新入生についての新人教員からの報告メール　135
2　伊藤先生からの返信　担任するときに5つの準備をしたか　138
3　翔和学園の各種トレーニングの目的はどこにあるか　144

4章

翔和学園の実践　暴れん坊のAくんが笑顔で「また明日ね」と帰る日【伊藤寛晃】

1　判断と方針を確定させる　148
2　方針を修正する　150
3　専門家のアドバイスを受けて3度目の方針　160
4　改めて五つの手順を見直し 方針を確定させる　163
5　暴力はいけないことをこう教えた　171
6　「また明日ね」と帰る毎日　180

あとがき　181

序章 『向山洋一は障害児教育にどう取り組んだか』の歴史的位置

【大場龍男】

1 教師人生の出発点で出会った障害児が原点だった

向山先生が教師になったのが一九六八年でした。当時の障害児教育はどういう状況だったでしょうか。障害の重い子どもたちは就学免除・就学猶予の措置が執られて希望しても盲学校・聾学校・養護学校に入学することができませんでした。

それでも養護学校が近くになかったり特殊学級がなかったりする学校では通常学級に知的障害のある子どもが在籍していることはありました。向山先生も新卒一年目にＩＱの低いＮ子を担任しています。向山先生はこの子をどう伸ばすかで苦闘します。その時に影響を受けたのが近江学園の田村一二氏の『石に咲く花』という実践記でした。この本を向山先生に届けてくれたのが障害児を育てているある保護者だったそうです。障害の重い子どもたちに「極微の成長」をもたらそうとする近江学園の先生方の仕事に向山先生は「光明を与えてくれた」と言います。Ｎ子に熱心に幅跳びの指導をした経験から向山先生は「協応動作ができない」ことにやがて気が付き、後に「とび箱指導」につながっていきます。「できない子をできるようにさせる――それこそが私の教師の仕事の出発点だった」と向山先生はおっしゃっています。

「できない子をできるようにさせる」ことを自分の仕事の原点に置くことは言うは易し、行うは難しです。

ＩＱ27のＮ子ちゃんができないことは仕方がない、できなくて当たり前と思う教師が圧倒的に多い。ちょっとやってお茶を濁してできないことを障害のせい、子どものせいにする方が多い。

特別支援学校一筋の天下の険サークルの仲間の久和誠一郎先生が言っていました、障害児を担任している先生たちが集まると「障害の重さくらべ」をすると。自分が担任している子どもの障害がいかに重いか、いかにしんどいかを自慢しあうのだといいます。障害児を担任している先生たちが障害のことを分かっていて適切な教育をしているかというと全くそんなことはなく、勉強して腕を磨いている先生は少ないそうです。向山先生も同じことをおっしゃっています。

組合の教育研究集会で生活指導のパネルディスカッションがあり、向山先生も三人のパネラーの一人として参加されました。その二人のパネラーが障害児を受け持っての「しんどさ」を報告しました。その発表に関して向山先生は「『しんどい』とは人様が言うことだ」と題して次のように書かれています。ここに向山先生の障害児教育に対する根本的な姿勢が書かれています。

医者が重病の人を診るのはあたりまえで、とりたてて言うことではないのです。それをとりたてて言う医者がいれば、もの笑いなのです。教師も同じです。いろんな子がいてあたりまえなのです。障害児を持って当然なのです。それをとりたてて言う所に、言う人間の弱さがあると思うのです。もし、僕達が障害児のことを語るとすれば、〈担任するのがしんどい〉という面で語るのではなく、教師として何をしてきたかこそ語るべきなのです。（中略）教師としての実践こそ語るべきであり、〈しんどい〉というのは人様が見て判断することなのだ、ということを言いたいのです。

教師は、どんな子を預かっても、その子の可能性を伸ばすために、努力すべきなのです。〈先生はよくやった〉〈できなくてもしかたがない〉は、その結果としてまわりの人が、人様が言うことなのです。それを教師自身が〈できなくてもいいよ〉などと、ふぬけたことを言っているのです。しかも、ふぬけた居直りを得意然と言うのです。医者だけは患者を治すために頑固であるように、教師だけは子どもの可能性を伸ばすために頑固である必要があると思っています。それこそが仕事なのだと思っています。

（向山洋一『教師修業十年』明治図書、一一七～一一九ページ）

できないことを障害のせいにせず厳しく教師修業を自分に課し続けた向山先生は教師生活十年目に指導の難しい吉岡くんに出会います。

2　厳しく自己を射よ　教師生活十年目に出会った障害児

『向山洋一は障害児教育にどう取り組んだか』の第一章「教師生活十年目の障害児教育」は親たちから転校を迫られた障害を持つ子を担任した時の実践をまとめたものです。

教師をやって十年目ぐらいの時、四年生のある男の子の噂を聞きました。勉強が出来ない。乱暴ばかりする。教室中に墨汁をぬってしまったり、友だちのかばんを外に放り投げたりする。男の先生が怒ると包丁を持って追いかけ回す。近所の子を木刀で思い切り叩く。普段はおとなしいけれど一度そうなると目がつりあがって誰にも止められない。

（『向山洋一は障害児教育にどう取り組んだか』一一ページ）

担任を引き受けた向山先生ですが、最初は「どうして良いか全くわからない」状態でした。向山先生は春休みに持てる時間のすべてを使い、軽度の知的障害と激しい行動障害のある吉岡くんのいる学級の教育をどのようにするのかの準備をしました。この時に向山先生が行った準備、学級経営案と教育実践をまとめたものが『向山洋一は障害児教育にどう取り組んだか』の第一章「教師生活十年目の障害児教育」です。「通常学級の中で障害を持つ子を担任する時にどんな準備をするのか」、これが教師生活十年目に直面した向山先生の課題でした。一九七七年のことです。この時期の障害児教育はどういう状況だったでしょうか。

ちょうど一九七八年に就学猶予、就学免除が原則として廃止され、一九七九年に養護学校の完全義務化がなされました。この完全義務化によって全員受け入れとなりました。一方で通常学級に入学していた障害児が養護学校に行くように勧められるようにもなりました。障害児教育は養護学校か特殊学級で行われるというのが当たり前の状況でした。通常学級にいる障害をもった子どもの教育がクローズアップされる特別支援教育の時代の約二〇年前の時代でした。

向山実践を語る時に何代目の教育といったくくり方がされます。伴一孝氏は次のように言っておられます。

> 向山学級の三代目と四代目が最高峰です。特に、四代目の学級作り、教育実践は世界一です。
> （『向山学級・名取ノート徹底解明講座第3回記録集』東京教育技術研究所、六三ページ）

三代目が調布大塚小で担任した五・六年生（学級通信エトセトラ）一九七五〜七六年。
四代目が調布大塚小で担任した五・六年生（学級通信スナイパー）一九七七〜七八年。
吉岡くんは四代目の一員です。四代目が六年生の時の実践で「出口論争」に「教室からの発言」という形で『現代教育科学』一九八〇年二月号に投稿して全国誌デビューをされています。向山先生の処女作『斎藤喜博を追って』（昌平社）が出版されたのが一九七九年四月で、その本の中に吉岡くんへの実践も収録されています。

吉岡くんへの実践は通常学級における障害児への教育実践でした。通常学級にいるＡＤＨＤ、ＬＤ、高機能自閉症等の子どもたちの支援に取り組んでいくことを提唱した特別支援教育の考え方が出されたのが二〇〇一年ですから、向山先生は特別支援教育に二〇年以上前に取り組まれていたわけです。まだ、「教室の中の障害児」とか、「特別支援教育」といった概念のない時代に通常学級において困難な生徒のいる学級の担任をしました。十年間につちかった教育の経験と情熱のすべてをつぎこんで取り組んだら奇跡のような教育ができてしまった。そして今でもこの時の向山実践を超える実践は生まれていません。

3　今も座右の銘とされる向山洋一の障害児教育・5つの手だて

通常学級にいる特別な支援を必要としている子どもたちの存在が注目され特別支援教育に関心が寄せられるようになった時期に特別支援教育の取り組み方のモデルを示したのがこの本だったと大場自身は自負しています。毎年新学期を迎えるたびに担任の先生方に読んでもらいたいのがこの本です。

通常学級に通えなくなった発達障害児たちが通うフリースクール翔和学園では今も新しい教育困難な生徒が入学するたびに『向山洋一は障害児教育にどう取り組んだか』を読み直すように伊藤学園長から指示が出されています。なぜなら向山実践には「障害を持つ子を担任する時にどんな準備をするのか」の骨太な原則が貫かれているからです。

その原則とは次の5つのステップを踏むことです。

①要録を見る。
②旧担任の記録をもらう（口頭ではなく文書でもらうのが原則）。
③母親と面談する。
④関係ある本を読む。

以上の結果として、
⑤「現状の確認、病状の確認、基本的な判断」を下し、基本方針を出す。
（『向山洋一は障害児教育にどう取り組んだか』一四ページ）

このうちで④は今日の特別支援教育においては、その子の現状を知るために知能検査の結果を求めたり心理士や医師に相談したりする医療連携として実施されています。また、⑤が何よりも大事なポイントです。基本方針を出す、教育計画を作るということです。向山先生は「一番駄目なのは様子を見るということで何もしないことだ」とおっしゃられています。

激しい行動障害のある生徒や発達の凸凹の大きい生徒たちの教育において翔和学園ではこの5つの原則が何度も確認されています。このことは本書の3章「翔和学園は『向山洋一は障害児教育にどう取り組んだか』をどう使っているか」と4章「翔和学園の実践　暴れん坊のAくんが笑顔で『また明日ね』と帰る日」で紹介しています。

4　『授業の腕をあげる法則』と障害児教育

私（大場）は障害児者の福祉の世界でずっと仕事をしてきました。私が向山先生の本に親しんできたのは障害児者の支援に共通する知見がいつも刺激的に得られるからでした。例えば、授業の原則の第二条の「一時一事の原則」です。複数の仕事を同時に処理していく機能を同時処理機能といいます。脳にダメージを負った人はこの同時処理が苦手になります。また、一時的に脳に記憶させておく機能であるワーキングメモリーが低下している人は複数の課題を覚えておくことができません。このような困難を抱えた人に作業などをしてもらう時の支援の原則が「一時一事の原則」です。障害者支援の世界と共通する原則です。

第三条の「簡明の原則」も口頭指示の理解が難しい人や記憶障害の人には忘れてはならない原則です。趣意説明の原則、全員の原則、所・時・物、細分化、空白禁止、確認、個別評定、激励の原則、すべて当てはまる納得の原則です。これらの原則は向山先生が能力差のある子どもたち、できない子たちをできるようにしようとして編み出していった指導の秘訣です。向山先生の仕事は一人のもれもなく力を伸ばそうとし続けた格闘の中で磨かれていきました。最初から障害児のことが視野の中に明確に入っていたと言えます。

5　ニーズに対応する教育と5つの手だて

通常学級に在籍する学習障害やADHD等の子どもに目を向けることは、通常学級に在籍する子どもたちを十把ひとからげに見るのではなく、一人一人がユニークな個性、能力、特有の学習のニーズを持っている存在として見ることにつながっていきます。特別支援教育という発想は一人一人の子どもの持つ教育ニーズに対応していこうとする方向性を示しています。

LD、ADHD、アスペルガーなどの発達障害の問題がクローズアップされているのは、核家族化や地域の教育力の喪失、しつけ不足による子どもの変化、教師の対応力の不足、事件報道での発達障害等との関連の指摘等もあるでしょう。しかし、もう一つの流れとしてはニーズに対応するきめ細かな教育や発達の凹の部分に注目するのではなく発達の凸を伸ばしていくような教育（ギフテッド教育）を提供していこうとする前向きな建設的な新しい考え方が発達障害の問題をクローズアップさせてきたといえます。

ニーズに対応するためにはニーズを評価しなければなりません。勉強ができないという状態も原因はさまざまです。知的能力が低いためか、情報処理過程のアンバランスさのためか、多動などの行動上の問題のためか、家庭環境のためか、これらの評価を行わない限りは個別の支援プログラムはつくれません。これらの評価は教師が行う部分と医師、心理士等が行う部分に分かれます。学校とこれらの医療機関等との連携のコーディネートが課題となってきます。このようなニーズに対応する教育を実施する上で「向山洋一の障害児教育の５つの手だて」は基本のキです。本書はこのことを改めて強く主張するために再録を試みたものです。

1章 再録「教師生活十年目の障害児教育」【向山洋一・大場龍男】

一 初めて障害児を担任する教師からのメール

向山先生は普通児教育の実践家で障害児教育との関わりはうすいと私は漠然と思っていました。ところがあるメールをきっかけに向山先生と障害児教育の関わりの深さに目を開かされることになったのです。

二〇〇〇年の三月の末にＴＯＳＳ障害児教育メーリングリストに一通のメールが届きました。

> 今年度、新任で普通学級を担任させてもらっていたのですが、あっという間に学級を荒らしてしまいました。
> 来年度は特殊学級の担任に決まりました。自閉的傾向のある、三年生になる男子児童一名です。不安はいっぱいですが、また新たな分野を勉強できることをうれしく思っています。

《向山》
できない子をできるようにさせる――それこそが、私の教師の仕事の出発点だった。

早速ですが、みなさんにお聞きしたいことがあります。
一　前担任から引き継ぎをする際に特に聞いておくこと
二　学級開き、最初の三日間にすること
三　参考になる書籍（具体例が豊富なもの）
四　親学級や他の先生との協力の仕方
何から手を付けていいのか分からない状態です。ぜひ教えてください。

よろしくお願いします。


メーリングリストのメンバーから即座に何通もの返事が返ってきました。

私はその時に向山先生が障害児を担任された時の話を思い出しました。

一九九一年八月十日に島根で開催された法則化障害児教育の合宿で、向山先生が軽度の知的障害を持ち乱暴な行為をする男の子を担任した時の話をしてくださいました。

その時にお聞きした向山実践がおおいに参考になるだろうと思いました。


この向山実践を知る資料としては以下の四つがあります。
1.『教師修業十年』（明治図書、一九八六年）
2.『向山洋一実物資料集第12巻　学級通信スナイパー①』（明治図書、一九八八年）

《向山》
できる限りの資料を集め整理し、分析し準備すること、その上でリキムことなく自然に子どもの姿をとらえていく――それがプロの教師の心がけである。

3.『調布大塚の生活指導』(東京都大田区立調布大塚小学校、一九七八年)

4.『一九九一年八月十日法則化障害児島根合宿の向山講演記録』

(法則化障害児教育島根合宿事務局作成)

この四つの資料に目を通すうちに向山先生は障害児教育でもプロ教師であったことが分かりました。以下に向山先生の障害を持つ子への実践を紹介します。

二　転校を迫られた障害を持つ子の担任を引き受ける

教師をやって十年目ぐらいの時、四年生のある男の子の噂を聞きました。

勉強が出来ない。乱暴ばかりする。教室中に墨汁をぬってしまったり、友だちのかばんを外に放り投げたりする。

男の先生が怒ると包丁を持って追いかけ回す。近所の子を木刀で思い切り叩く。普段はおとなしいけれど一度そうなると目がつりあがって誰にも止められない。

お母さんがたが署名を集めてきて、その子を転校させてくださいと言ってきました。

でも、向山先生が担任になってくれれば一年間は我慢すると言われました。

《向山》

今だから言える。本当は少し違っていた。毎日のように乱暴される子どもの親たちが校長先生にクレームをつけにきていたのである。何度も何度もである。そして「向山先生が担任して下さるなら」ということで折りあったのである。

その子とある日、話をしました。

「先生、ぼく死にたいんだ」

「どうして」

「ぼく馬鹿だから」

そのことは私にとってすごく印象的でした。私はその子の担任になることを承知し、校長先生に次のように申し入れました。

「その子を他の学校に転校させてくださいと言ってきた親は私のクラスに入れないでください。その子をなんとかしてくださいと言ってきた人は私のクラスに入れていいです。」

それは私のその子に対する同情です。

こうしてその子を担任することになりました。


（島根講演記録より）

担任を引き受けた向山先生ですが、「どうして良いのか全くわからなかった」といいます。向山先生は、「春休み、持てる時間のすべてを使い、このクラスの教育をどうするかに費やした。とにかく、あらゆる手だてで、今のぼくにできる限りの準備はした」（『スナイパー』No.４）といいます。

《向山》
私は「爆弾のような子ども」のいる担任となった。もちろん、ためらいはなかった。
それが、私の望んだ仕事だからである。

三　障害を持つ子を担任する時にどんな準備をするか

障害を持つ子を担任することになった時に、まず何をしますか。
向山先生は何をしたでしょうか。
法則化障害児の島根合宿の参加者と向山先生のやり取りを紹介します。

向　山　さて、先生たちならまず何をされますか。
聴講者1　記録を見る。本を読む。
聴講者2　記録を見る。前の担任の先生に話を聞く。病院にかかっていたら調べる。
聴講者3　手をつなぐ。一緒に遊ぶ。
向　山　これは基本方針になりますかね。
聴講者4　その子を叱らない。その子のできることを見つけて伸ばす。
聴講者5　育ってきた様子を聞く。
聴講者6　今までの記録を読む。どうして死にたいのかその子に聞く。
向　山　いくつのことをするか、どういうことをするか、それさえ障害児学級ではきちんとしていないんですね。

《向山》
何か問題をかかえる子を持ったら、それなりに準備をする――教師として当然のことである。

まず、原則的にどういうことをするんですか。このような原則をはっきりさせるのはいけないことなんでしょうか。

皆さん、自分の子どもを先生に託すのはすごくたよりなく思いませんか。教師ならプロなんですから、まず何から手をつけるか原則があれば、それは大勢の知恵を集めれば出てくることでしょう。

私だってかわったことをしているんじゃなくて同じです。私がしたことは次の五つのことです。

①要録を見る。
②旧担任の記録をもらう（口頭ではなく文書でもらうのが原則）。
③母親と面談する。
④関係ある本を読む。
以上の結果として、
⑤「現状の確認、病状の確認、基本的な判断」を下し、基本方針を出す。

（島根講演記録より）

向山先生は、約二週間の春休みのすべての時間を使って準備をしました。時間的な経過を示すと以下のようになります。

《向山》
⑤が大切だ。
とりあえず、判断と方針を確定させることである。
うまくいかなかったら、修正していけばいいのだ。一番駄目なのは「様子をみる」ということで、何もしないことだ。

3／23頃　春休み開始　準備開始
3／28　障害児教育の勉強開始
4／1　校長の了解をとって家へ電話（面会日決定）、前担任からの引き継ぎ
4／4　母親への質問整理。ぼくの見解をまとめる
4／5　母親本人と面談、結果を校長に報告
4／6　始業式
4／7　第二日目
4／8　第三日目
4／12　跳び箱で全員をとばす
5／25　嵐のように熱く長く続く拍手

では、向山先生が実際に行った準備を具体的に見ていきましょう。

1　記録を何度も読んで分析する

向山先生がまず第一に行ったことは記録を読むことでした。

「クラスの人間の今までの記録を何度も読んだ。前担任からの引継ぎも読んだ。四年生の時の家庭調査票まで目を通した。〈空欄〉〈特になし〉の記入が多く参考にならず失望もしたが…。」（『スナイパー』№４）といいます。

《向山》
とりあえず、身近にある障害児教育の本を山のように積みあげ、私は勉強を始めた。
そして、「出産時のこと」「子育て途中のエピソード」「病気のこと」については母親に聞いてみなければならないと思った。

向山先生は四年生の時の吉岡くんの記録を書き写しながら分析をしていきました。

『調布大塚の生活指導』にはその時の記録が載っています。

吉岡の四年生の時の行動の記録〈51・12・1全体会議への前担任の報告より〉

5／11　六年生が屋上から落としたボールを自分のだといいはる。

学級会で自分、他人の区別の指導。「ぼくのとちがう。すいません」

6／4　五年男子がからかう「こっちまでおいで鬼さんこちら」⇩玄関で石を投げる。4の2のHが止めたら眼鏡をひったくり投げとばした。〈母親を呼び出し弁償させる〉

7／6～隣の子の筆箱から消しゴムを投げる。Nの筆箱を窓から外に投げ捨てるなどの乱暴が始まる。清掃時間に窓からベランダにとびだし歩く。音楽室で五年生とけんか。足げりされ倒れる。〈母親を呼び出し注意〉

7／5　体育のハンドベースの最中ベースを3mずらす。相手チームの女子が二塁へ来ると髪の毛をつかむ、足をふむ等する。体育の前に大きな石を3個持ち、女の子Mを追いかける。男の先生が注意しても聞かず、女の子Mをめがけて投げる。女の子の下靴を溝に捨てる。M子の伝記の本を図書室の本の中に隠す。「M子は自分で

《向山》
前の担任が、記録を残し職員会議に報告していた。これは、大変に役に立った。

言わないで人に言わせるから」

7／7 「ぼくは馬鹿だから、屋上から飛びおりて死にたい」とつぶやく。

7／8 母親を呼ぶ。「友だちに迷惑をかけないこと」「勉強というのは時期が早い」と母親。友だちと遊ぶこと、夏休みのできそうなことを決める。（教頭、担任とで）

9／6 Nとけんか。靴を窓の外に投げる。

9／21 二年生の女の子に石を投げて足にけがをさす。注意した男の先生に悪たれを言う。三年生の男の髪の毛をひっぱる。先生に注意される。N、Hの物を窓外へ5、6回投げる。

9／22 母親に連絡。

10／15 習字後、筆を振りまわし、回りの子ども9人の衣服をよごす。

11／18 Nの学習用具を池に投げこむ。掲示してある習字の紙を破る。

11／22 カッターナイフでNを追いかける。「Nを殺してやる」目は血走り分裂病的状態。

11／29 他人の学用品を投げ出す。目標はN。担任のブラウスをひっぱる。手をかむ。教頭先生にわめく、足げり、頭つき。帰校の時間頃「先生ごめんなさい」「教頭先生にもあやまりたい」

11／30 朝、教頭にあやまる。午後から荒れる。

《向山》

「ぼくは馬鹿だから」と言った。自分に対する認識があるのである。医師は「病識」（ビョウシキ）があるといった。それ故に、教育は可能であると断定した。

隣の子の鉛筆、消しゴムを投げる。ベランダに飛び出す。先生をベランダにしめ出す。母親を呼び下校させる。

行動（の記録）への所感

ア　行動特性

1　学習用具をすてる〈数回〉

2　石を投げる〈数回〉

3　髪の毛をひっぱる〈2回〉

※こうした行動をとるようになった原因をさがすこと

イ　行動様式の拡大…11月以降

筆でよごす　10／15　習字の紙を破る　11／18

カッターナイフ　11／22　ブラウスをひっぱる　11／29

足げり、頭つき　11／29　ベランダへ飛び出す　11／30

※11月以降、吉岡の行動は質的に一段階悪化したと考える。

ウ　根源「ぼくは馬鹿だから死にたい」

このつぶやきの中に、彼のすべての課題が凝縮されていると思う。対症療法で

《向山》
くり返し出てくる「特性」をまずとり出してみた。
この行動特性が、11月以降拡大していってるのである。

は駄目で、根本的な方針（せめて方向）を確立すること。

（引用者注　『調布大塚の生活指導』に書かれている「吉岡」という名前はおそらく仮名と思われます。『スナイパー』では別の名前となっています。本書では『スナイパー』『教師修業十年』等を引用する場合には全て「吉岡」を用います。）

2　教育は可能か　根本的な方針を問う

『調布大塚の生活指導』に向山先生の読まれた本のリストが載っています。しかし、これらの本はあまり参考にはならなかったようです。向山先生は次のように書いています。

「卒業生を出した余韻が残っている三月二十八日、ぼくは一人勉強を始めた。春休みにぼくが目を通した本は、五十二冊であった。その子は発作の病気を持っており、学習が著しく遅れていた。ぼくが読んだ本の中では、そうした子はどの子も手のつけられない乱暴を働いていた。そして悲しいことにその乱暴が直ったという報告は、見当たらなかった。（中略）

しかし、どうして良いのか全くわからなかった。ぼくが読んだ本には、一般的な状態が書かれ、事件を追いかける形での叙述しかなかったからだった。原因を見きわめ、

《向山》
もちろん吉岡は、仮名である。

《向山》
教師の実践記録には、私がほしい情報は何もなかった。
こんな実践研究ではいけないのだと私は、心の底から思った。

根本的に手をうっていったものは一つとしてなかった。プロの目から見た報告ではなく、誰でもが書けるような大雑把な粗雑な報告ばかりであった。すばらしい実践はあるにちがいないが、ぼくは見つけられなかった。」（『教師修業十年』五十四ページ）

吉岡くんがあばれることの原因を見きわめ、根本的に手をうっていくことは向山先生がやるしかありませんでした。

向山先生は本を読むだけではなく、「必要と思われる人にも二十人近く会ったり意見を聞いたりもし」ました（『スナイパー』No.４）。向山先生は何人もの医者をたずねました。向山先生は次のように書いています。

「ぼくは、何人もの医者をたずね、聞いてまわった。どの医者も共通して、次のように語っていた。『それは病気を原因とした第一次障害ではありません。第二次障害です。』『教育可能です。なぜなら、意思の交流ができ、本人に病識があると考えられるからです。たいへんでしょうが、そこから先は先生の仕事です。がんばってください。』

そうした話を聞くうちに、『病気のせいだから、教育は不可能ではないか』と心の片隅で思っていた危惧もうすれていった。」（『教師修業十年』五十四ページ）

吉岡くんは次のような障害を持っています。

（一）この子のＩＱは五十から七十五ぐらいで軽度の知的障害がある。

《向山》

一番、心強く思ったのは、慶應病院のドクターのレクチャーだった。ドクターは、明確に断定した。

> 一、病識がある
> 二、会話が可能である
> よって、これは、教育できます。

（二）交通事故にあったことがある。
（三）瞬間的に意識を失う「てんかん」発作を起こすことがある。
（四）交通事故の後にてんかん発作を起こすようになったことから、交通事故によって脳になんらかのキズがついたこと、つまり脳障害があることがうかがわれる。

では、軽度の知的障害と脳障害がこの子の起こす問題行動の原因だろうか。

医者の助言を参考にして向山先生は、これら二つの要因は問題行動の起因ではあるが主因ではないと考えました。

向山先生は、この子の言った「先生、ぼく死にたいんだ」「ぼく馬鹿だから」という言葉がすべての行動を理解する鍵だと考えました。

家庭や学校の中で植えつけられた劣等感がこの子の起こす問題の主因であると考えました。

障害のゆえにできないことがたくさんあることはしかたのないことです。同じような障害を持っているのに、円満に育っている子もいれば不適応を起こして暴れる子もいます。周りの受け止め方や対応の仕方がその子の人格形成に大きな影響を与えます。

周りの受け止め方や対応の仕方がこの子に植えつけた劣等感を向山先生は第二次障害、第二次要因と考えました。

これで吉岡くんへの教育の根本的な方向性が定まりました。

《向山》
主因を考えるのに、参考になったのは医師の助言であった。
教師の実践記録には、このように「つきつめて分析した記録」は何もなかったのである。

第一には、吉岡くんが自分自身とじょうずにつきあえるようにすることです。ぼくバカだから死にたいという絶望的な自己認識を自己肯定的な前向きな自己認識に変える課題です。

第二には、吉岡くんがまわりの人とじようずにつきあえるようにすることです。人が信頼できることを教え、人とつきあっていく社会的スキルを教える課題です。

この教育の方向性は障害のあるなしにかかわらずどの子にも当てはまる根本的な課題です。だからこそ普通教育の教師が向山先生の吉岡くんへの実践に心打たれるのだと思います。

しかし、その実践にはより多くの困難がありました。その困難さは障害児教育にたずさわる教師に共通しています。教師のいたらなさを障害のせいにできるということです。そこに障害児教育の教師が陥る怖さがあります。

向山先生が吉岡くんとの日々を振り返って次のように書いています。

「問いつめられた第四は、自分の心である。〈どの子も可能性がある〉と言ってきたことばを、自分は信じ続けられるかということであった。自分の教育の信念は、背骨は、どれだけ頑固かということであった。」

（『教師修業十年』七十ページ）

《向山》
障害児教育にあたって、問いつめられるべきは、教師自身、自分自身なのである。
それは、普通学習でも同じことだ。

3　母に会いにいく

向山先生は新学期の始まる前に吉岡くんのお母さんに会いにいきました。

会いにいく前に三つの分野についてまとめていきました。

（一）何を母に聞くか、（二）何を母に伝えるか、（三）何を母に要望するか

（『調布大塚の生活指導』）

向山先生が母に聞いたことは次の九項目でした。

①出産時の状態、②交通事故、③発作の現状（医師の話）、④親の判断、⑤親の望み、⑥子どもの要求、⑦子どもの日常生活、⑧育て方の歴史、⑨行動特性の原因。

行動特性の原因について以下の記述があります。

（『調布大塚の生活指導』）

二十をこえる姉がおり、吉岡がいうことをきかないと、カバンの中に学習用具を入れて外にすてたことがあるとのこと。姉とのけんかにものを投げつけることがあり、とっくみあいをして髪の毛をひっぱることがあるとのこと。…そうした行動のパターンが性格を形づくっていくので、以後厳禁してもらう。悪いことをしたら必ず悪いわけを説明するようにたのむ。

向山先生が母に伝えたことは以下の七項目です。

（『調布大塚の生活指導』）

《向山》
母親に会いにいくとき、何を伝えるのか、何を話すのかを、私は考えた。
そして、上記のように整理した。
もちろん、母親と話すときは、手ぶらである。ノートを見ながら話したら、母親はおびえてしまう。

①問題行動の実態（暴力をふるう）、②学習の現状（作業ができない。コンパスを使えない）、③知能、技能、体力（すべてに劣っている）、④法律上の規定、⑤10年前までの教育学での判断（教育が極めて困難と考えられる）、⑥現在の教育学（どの人間も成長のかべにあたる）、⑦ぼくの判断（極めて困難だが教育可能）

ぼくは、親に、「力を合わせて頑張りましょう。教師を仕事とするぼくは、自分のすべての力を賭してあたっていきます」と言ったあとで、次の八つの点に気をつけてくださいとお願いした。

（一）さしあたって、算数の勉強などの「できないこと」をやらせるのではなく「手伝い」「自分のことは自分でする」などの「できること」をさせるようにしてください。

（二）「何ができた」ことよりも「自分でできた」ことを重視してください。それが生きていく力となっていくのです。

（三）たとえできなくても、あせらないで待ち続けてください。

（四）できたことを足場にして、少し先をさせるようにしてください。

（五）駄目とか馬鹿とか、自信を失わせることは言わないでください。

（六）悪いことをしたら、なぜ悪いのか理由を話してください。

《向山》
母親もまた悩んでいた。母親をはげまし、努力の方向を示すことも教師の大切な仕事と思っていた。

（七）生命の安全に関することは、きびしく叱ってください。

（八）つまり、一つ一つできることをふやし、自信を持たせ、やる意欲をおこさせ、生きていく力と術を教えてほしいのです。

「お互いに手をとりあって、知恵を出し合って力を尽くしましょう。きっとすばらしい子に成長すると信じております」と、親に言って家を辞した。

（『教師修業十年』五十六ページ）

母に会いに行く前には向山先生は吉岡くんへの教育の方向性を打ち立てていました。その教育の方向性は障害があるための一定の配慮を含みますが、「一つ一つできることをふやし、自信を持たせ、やる意欲をおこさせ、生きていく力と術を教えて」いくことでした。この教育の方向性は障害のない子にも共通する根本的なものです。障害を持つ子の教育を行う教師は障害や特異な行動に目を奪われどの子にも共通する課題を忘れがちです。教育の根本がぶれるのです。障害児教育の本が普通学級の教師に読まれない原因はそこにあります。

4　自分の弱さを射続けよ

吉岡くんへの教育の方向性は定まりましたが、その教育の成功の鍵は教師自身にあ

《向山》
教育の基本は、障害のある子もない子（少ない子）も同じことである。
ただ障害を持つ子には、時々、大きなカベが立ちはだかるのだ。

ると向山先生は考えました。

「彼の神経は鋭敏で、ナイーブであった。ごまかしの全く通用しない彼に、ごまかしのない教育を持続させねばならなかった。ぼく自身の弱さ、甘さ、嘘、ごまかしを、射続けられるかどうかが鍵であると思った。弱い自分自身を変革するために自分の弱さをあばき射続ける決意をこめて、学級通信を『スナイパー（射撃手）』と名付けた。」

（『教師修業十年』五十六ページ）


〈結論〉吉岡の暴力は自己主張のあらわれであり、生命あるものが生き続けている叫びである。

〈原点〉吉岡の叫びと痛みを己のものに
〈方向〉吉岡に生きてゆく喜びを！／吉岡にロマンと夢を！

〈保証〉吉岡に自信と存在感を！／吉岡に獲得された能力を！

ごまかしの全く通用しない吉岡に、ごまかしのない教育を持続させることができるか⁉

自分自身のうそ、弱さ、ごまかし、甘さを射続けることができるか⁉

己をターゲットとせよ！

己のスナイパーとなれ！　学級通信「スナイパー」誕生

《向山》
吉岡くんの暴力行為は、「自分が生きていることの証し」なのだと向山は考えた。
困ったことではあるが、それは吉岡くんにとっては、「生き死に」を賭けたほど大切なことなのだと向山は思ったのだ。

（『調布大塚の生活指導』）

これを読みますと熱いものがこみあげてきます。高校生の時から学生運動の先頭で鍛えられてきた天才的なアジテーターとしての向山先生を私は想像してしまいます。自分自身への檄《げき》です。どうしてこうも人を熱くさせるフレーズが湯水のように沸き上がるのでしょうか。

障害を持つ子の教育に当たる教師は向山先生ほど激しくはなくても自分自身を見つめざるをえない体験をします。指導してもその子ができるようにならないことに腹をたてた後で腹をたてた自分が嫌になります。自分の冷たさ、攻撃性、倫理性の低さ等に気づかされ切りつけられます。障害を持つ子の教育は諸刃の剣です。教育の原点に至る、教師も子どもも成長できる可能性がある一方で、子どもを傷つけ教師自身を人間崩壊にまで導く怖さがあります。教育の怖さを知り、それでもこの仕事を職業としていきたい教師が、激しく厳しく教師修業を自分に課した向山先生の本をむさぼるように読むのです。

そして次のような境地に立ちたいと憧れるのです。

「できない子」を叱ったってしょうがないのです。一番悲しい思いをしている

《向山》
漢字のできない子をどれだけできるようにしたか、計算のできない子をどれだけできるようにしたか。
テストで五点、十点だった子を九〇点、百点をとるようにさせたか。
それこそが教師の仕事なのである。

のはできない子です。その子を教えるのが教師の仕事です。

子どもの悲しい気持ちを自分のようにうけとめること――教師の仕事はそこから出発します。

子どもに対するいとおしさに裏うちされていない実践は、良くないものが多いのです。「きびしさ」も「いとおしさ」に裏うちされるべきです。

（向山洋一『プロ教師への道』明治図書、一九九四年、一三一ページ）

5　綿密な計画なくして成功なし

向山先生は吉岡くんへの教育をふりかえって計画的な教育の必要性について次のように書いています。

「問いつめられた第三は、計画的に教育をしていくことについてであった。彼を軸とした教育は、一日、二日ではできない。思いつきでもできない。何本もの伏線が必要であり、いくつもの手だてが必要であった。計画的に手を打っていく、つみ重ねていく事が絶対に必要であった。」

（『教師修業十年』七十ページ）

向山先生は計画的な教育を行うために学級経営の基本方向を３本だてで立てられました。

《向山》
私の嫌いな教師の行為
・事実の全くない美辞麗句
・全く何もしないリップサービス

（一）吉岡への基本方向、（二）全体への基本方向、（三）教科指導の留意点

以下に資料を引用します。（『調布大塚の生活指導』）

（一）吉岡への基本方向

・ぼくは馬鹿だから（三年の時、向山が本人から聞く）
・ぼくは馬鹿だから死にたい（四年担任に）

A　話をする

a　〈誰でも可能性はある〉永山則夫、ヘレンケラー等

b　〈まちがいによって学問は発達する〉サルバルサン

c　〈まちがえるからみんなは成長する〉愚直の一念等

〈昨日の自分より今日の自分が成長することだ〉

〈他人とくらべなくていい〉

d　〈先生がみんなをかしこくしてやる。できるようにさせてやる〉

まず、とび箱を全員とばせてやる

◇　◇　◇

e　〈ひきょうなことはきらいだ〉

《向山》
私が必死で考えた吉岡への教育方針である。

〈ものをなげる、かみつくはひきょうだ〉

f　〈弱いものいじめはきらいだ〉

g　〈うそはきらいだ〉将棋でずるする人はのびない。

B　得意なものを発見する

・一つのことも見のがさないはりつめた神経と、一つ一つのことにふれてあげる心のこまやかさを持ち続けること。

C　はじめから役割を与えること

・不自然でなく。（号令をかける役を吉岡に）
⇩吉岡でもできる。授業のはじめにやる。存在が示される。

・自分のやってみたいこと
⇩作文に書かせる。

（二）全体への基本方向

・静かで授業中に風の音が聞こえるような授業
・どならず、叱らず、ぶたずして、しかも子どもが動くクラス
・毎日の努力を積み重ねていくような子どもたち

（その他）

1．日記をつけさせる。〈今日は何を知ったか〉　2．子どもたちのいい所をほ

《向山》プラスの方向で、方針を考えた。

めてあげる。〈帰りの時間〉　3．朝、遅れないこと、早く行くこと。〈教師が来るまで漢字練習〉　4．ゆとりの時間　特別な勉強　算数のようなドリル　社会のような調査　ゲーム　5．遊び時間　一学期は一緒に遊ぶ　集団になるもの　手つなぎ鬼　6．机に向かう習慣（日記、漢字ノート、勉強帳）

（三）教科指導の留意点

算数　？　できる限り個別化する場面を

国語　文をかかせること

社会　実物を多く　テレビ、スライド等

体育　a　集団ゲーム（遊びでも）　b　筋力の基本を

学級会　お楽しみ会　徹底して楽しいものに

　低次からのゆっくりとした出発。完全に子どもにやらせる。

道徳　Aの話のくり返し。何度でも…

（四）四月初めの実態把握

1．要録　2．調査表　メモること、考えること　3．学習のつまずきの発見　具体的に　国、算、体　4．生活習慣の確認　朝の洗顔、歯みがき／食事の時のあいさつ／右側通行、信号ストップ、自転車／机に向かう時間／TVを見る時間／塾、けいこごと／近所の人へのあいさつ

《向山》

各教科、各分野のポイントも考えた。

（黄金の三日間の計画、引用者）

5．四月六日　・ひいき、差別はしない

・みんなをかしこくしてやる

・きらいなことがある〈うそ、弱いものいじめ、ひきょう〉

七日　・六日の話を具体化

・号令係を決める〈吉岡に〉

・席順

・授業をすること

八日　・ルールの確立

・みんなのやりたいもの　年間のイメージ

（五）その他

1．学級通信　基本理念をくりかえす　子どもの成長の姿を吉岡を軸に

2．父母へ　保護者会（基本理念）　委員さん方（率直に話すこと）

この向山先生の分析や学級経営案を読みますと、教育は教師による意図的な仕掛けの連続であるとあらためて思えます。障害児への向山実践も太い骨格の部分では全ての子どもたちへの教育実践と全く同じです。

《向山》
このような方針は、多くの教師に参考になると思える。

すなわち、第一の課題は劣等感の克服です。誰でも可能性のあること、まちがえるから成長する、他人とくらべず自分の成長を見つめることを強調します。

第二の課題は教育技術によってできないことをできるようにすることです。

第三の課題は人格的な成長をさせることです。努力を継続させたり、ルールに従ったり、人の役にたつ行動をとれるようにさせることです。

では、いよいよ障害児への向山実践の実際の展開を学級通信『スナイパー』の中に見ていきましょう。

四　プロは開幕戦に全力を注ぐ　黄金の三日間で学級を組織せよ

1　障害児学級でも黄金の三日間はあてはまるか

第一節で紹介したＴＯＳＳ障害児教育メーリングリストに質問をした女性は返信の中で次のように書いています。

> Ｍ先生も書いていらっしゃいましたが、私も「黄金の三日間」がとても気になっています。今年度、普通学級を荒れさせてしまった大きな原因が、「黄金の三

日間」を大切にしなかったことにあると考えているからです。
「黄金の三日間」についてぜひ意見を聞かせてください。

障害児教育の雑誌や本の中で「黄金の三日間」が特集されたことはありません。もちろん私も法則化障害児教育のサークルである天下の険サークルに十年ほど参加してきましたが、「黄金の三日間」というテーマで論議をしたことがありませんでした。

向山先生は先の学級経営案で見たように障害児を担任するにあたってとりわけ計画的な準備が必要であったとおっしゃっています。障害児を担任する場合にはとりわけ黄金の三日間の準備が必要で、準備をした上でも始業式の前夜は緊張で眠れなかったと向山先生は書いています（後述）。

『教室ツーウェイ』二〇〇〇年四月号で向山先生は次のように書いています。

黄金の三日間とは、始業式からの三日間をいう。向山が命名した。この三日間だけは、どんなやんちゃ坊主でも神妙になり、教師の言うことを素直に聞くのである。黄金の三日間は、学級づくりの最高のチャンスである。黄金の三日間は、唯一の学級づくりのチャンスである。（中略）黄金の三日間は、子どもたちは素

《向山》
始業式から最初の三日間、時には一週間、この時間こそ、「人間の乳幼児期」に匹敵する重要な「しこみ」の時間なのである。

直になる。教師の言うことを聞く。

この時こそ、「クラスのルールをつくり」「クラスのしくみをつくり」「授業のルールをつくる」時なのである。大切なことを選び、学級の組み立てをすることである。

この準備に、若い頃の向山は、ほぼ一週間をあてた。重要問題をかかえたクラスの場合は、二週間の準備期間をとった。

新しいノートをつくり、自分の計画、見通し、一日目にやること、二日目にやること、三日目にやることを書き記した。

このような準備をするのは、教師なら当然のことだ。いや、プロなら当然のことだ。始業式は、真剣な仕事の始まりなのである。

本場所をむかえる相撲とりは、のんべりだらりと土俵にあがるだろうか。開幕式をむかえた野球選手はのんべりだらりと第一試合に出るだろうか。そんなことが、あるはずがない。

真剣に、緊張して、第一日目をむかえるのである。向山も、真剣に、緊張して、始業式をむかえたものだ。そんなの当たり前のことだ。

（九〜十ページ）

この文章の中で「重要問題をかかえたクラスの場合は、二週間の準備期間をとっ

《向山》
最初の一週間を「のんべんだらり」とすごす教師の中から、学級崩壊は生まれる。

た。」と書かれているのが、吉岡くんを担任した時の五年一組のことでしょう。

向山先生のたてた黄金の三日間の計画は次のようになっていました。

四月六日
- ・ひいき、差別はしない
- ・みんなをかしこくしてやる
- ・きらいなことがある〈うそ、弱いものいじめ、ひきょう〉

七日
- ・六日の話を具体化
- ・号令係を決める〈吉岡に〉
- ・席順
- ・授業をすること

八日
- ・ルールの確立
- ・みんなのやりたいもの　年間のイメージ

さあ、次にいよいよ吉岡くんのいる五年一組の第一日目の向山実践を『スナイパー』の中に見ていきましょう。

2　始業式当日――緊張の四十分

始業式の前日の夜、向山先生はなかなか寝つかれなかったといいます。

入学式前日、私はなかなか寝つかれなかった。（中略）
問題は、二十五分程の子供たちへの指導なのだ。これが気にかかって寝つかれなかったのである。二十年近くも教師をやっているヴェテラン教師が、わずか二十五分間の指導が気にかかって、寝ることができなかったのである。
もっともこんなことは今迄に何回かあった。新卒の頃、朝礼台の上で注意事項の話をする時もそうだった。教師十年目、障害児を持つことになった始業式の前日も同じだった。（拙著『斎藤喜博を追って』昌平社にくわしい）胃が痛くなるような緊張を覚え、頭が冴えてきて寝つかれなかった。反対に研究授業、公開発表などの前日は、グッスリと眠ることができた。「研究授業」が失敗すれば、私だけが批判されればいい。傷つくのは私だけである。そんな時なら、私は安心して眠ることができた。
しかし、障害児を担任する時のように、初めの出合いがかなりの比重を持つ場合は、子供の方が何らかの被害を受ける。絶対に失敗はできないことだった。例

《向山》
教師になって初めて朝礼台で話す日の前夜、初めて一年生を担任した入学式の前夜、吉岡を担任した始業式の前夜。
三十二年間の教師生活を通して、なかなか寝つけなかったのはこの三日間だ。

え話としては月とスッポン、おこがましいのだがオリンピックの決勝に臨むような心境もこうなのだろう。そんな時、私は目が冴え、何度も予定を頭の中で描き、次々と展開を想像するのである。（『向山洋一の学級経営　教師であることを怖れつつ――一年の学級経営』明治図書、一九八五年、十三ページ）

始業式は真剣な仕事の始まりで、このような準備をするのはプロなら当然のことなのだと向山先生は言います。とりわけ障害をかかえ、自尊心が傷つき、絶望の淵にいて暴力をふるう吉岡くん、ごまかしの全く通用しない吉岡くんに立ち向かうのです。緊張の四十分間の幕が切って落とされました。

出逢いの序章〈開幕のドラマ〉〈『スナイパー』No.3〉

◇　始業式が終わって教室に入った。始業式の時、しきりに穴を掘ったりしていた男子四、五名を立たせ、そのだらしなさを批判した。伊藤、竹山、吉岡の三名を次に立たせた。この三名だけが名札をつけていた。出逢いの時に名前を覚えるのに必要なのだ。その三名をほめ〈それであたりまえだとほめ〉残り全員を立たせた。

新学期の出逢いに、「諸君がそんなに鈍感で、無神経なら、俺はこの三名しか名前を覚えない」ときびしく言った。教室はシーンとなっていた。竹山に号令をかけさせ、あいさつをした。俺の顔を見ながらニヤニヤして礼をする無礼なのや、まだ終わらぬうちにすわってしまうそそっかしいのがいたから、何度かやり直しを命じた。

◇ ついで、要旨次のような話しをした。

「俺と一年間はつきあう運命になって、内心いやな思いをしている人もいようが、できたらがまんしてほしい。出立にあたり、いくつかの事を言っておく。

第一に、ひいき、差別は絶対にしない。許さない。俺はけんめいに努力するが、それでもなおひいきしているように感じられる事があるかもしれない。その時はえんりょなく言ってもらいたい。

第二に、諸君の一人残らず、先生がかしこくしてやる。できるようにしてやる。でも、これは先生だけがやっても、君達が努力せねばできない。そのため二つのことを心してもらいたい。ひとつは〈教室とはまちがえる場所だ〉ということだ。あらゆる学問は、まちがいの中から発展させられてきた。〈自分はできる〉と思ったり、〈自分はできない〉と思っているのは共に錯覚である。どちらにしても、諸君が思っているほどでない。」

◇ 黒板に数字を書いて、「０（ゼロ）は何を意味するか」聞いてみた。吉岡がさっと手を上げ、他に五、六名いた。吉岡に指名すると、「何もない事です」と答えた。それをほめ、手を上げた五、六名を立たせてほめた。そして《何故手を上げない。内

《向山》
「一人残らず、全員をかしこくしてやる」これこそが教師の仕事のはずである。

心ではそんな事と思ってるんだろう。しかし、手を上げた人と上げない人では天と地ほどの差がある。上げない人は、まちがえたら恥ずかしい、かっこ悪い等と、かっこつける事だけを考えていたからだ。天と地ほどの差があるんだときつく言った。》

しかし、「ゼロの意味はこれだけではない。思いついた事を何でもいいから言ってみなさい」と言った。名取と伊藤の二名しか手が上がらなかった。名取は「出発点」と答え、伊藤は「0、1、2の0」と答えた。温度計の0度は温度が何もないことではなく、基準である事を話し、その二人をほめた。ゼロは他にも意味があるが、省いた。

ついで漢字の「山川」を書き、「読みなさい」と言った所、吉岡がさっと手を上げ、四、五名が上げた。吉岡を指名すると「やまかわ」と答えた。「他にもある」と聞いたが誰一人答えられなかった。「やまかわ、やまがわ、さんせん」のちがいを説明した。「このようにできる、できないといって差がない。一年生の問題ですらこれなのだ」と話した。

「うんとまちがえなさい。まちがいの山をつくりなさい。」と言った。

そして毎日二時間、机に向かうよう要求した。吉岡をのぞいてみんな手を上げた。吉岡は自信がないというのだ。その正直さをほめ、吉岡は努力目標でいいことを話した。他の人間はやるといったのだから、やらなかったらその人間はどうなってもしらないと宣言し、四十分を終えた。そのあと二時間、何も手がつかないほど、つかれていた。

《向山》
シンプルにして、あれこれと考えが出ること。このような「問い」をきだ。教師はいっぱい持つべきだ。「問い」を授業に組み立てていく技能を持つべきだ。

この『スナイパー』の第一日目の四十分の実践記録を読みますと、向山先生の真剣さ、緊張が伝わってきます。第一日目の『スナイパー』を読むと、吉岡くんが目だちます。

向山先生は日々の記録に次のように書いています。

> 4／6（水）　とにかく認めること、全員の前で　始業式、名札を3人つけていた（そのうちの1名）。3名に仕事をわりあてる。彼は号令係〈授業開始の号令など初めて〉。口をきくのもやなほど疲れる。

とにかくほめようと向山先生は第一日目の出会いの場に臨んだのでした。四月八日の記録には、「服装が俺と全く同じ（ジーンズ）何か使えないか」とあります。吉岡くんをほめるネタをつくるために向山先生はジーンズをはいて行くほどでした。

吉岡くんを号令係にすることも前もって計画されていました。授業の開始や終わりの挨拶をするというような形式的なことは向山先生はやってきていませんでしたが、吉岡くんに役割を与えクラスでの存在感を持たせるためでした。

五年一組の親たちは吉岡くんのことを知っています。転校させろと署名を集められたことを知っています。吉岡くんへの悪い評価を持っています。

《向山》
「人間として認めること」それが出発点だと思った。

向山先生は吉岡くんへの周囲の評価を変えようとしたのではないでしょうか。吉岡くんのよさを見のがさないはりつめた心と、吉岡くんのやさしさや悲しさにふれてあげる心のこまやかさを向山先生自身が持ちつづけようと緊張されていたのだと思います。

向山先生は吉岡くんへの周囲の評価を変えるとともに、吉岡くん自身の自己評価を変えようとしています。「ぼくは馬鹿だから死にたい」という絶望的な自己評価を、「ぼくはできる、いいところがある」という自己肯定的な自己評価に変えようとしています。

この教育的な営みは向山先生自身の人間の可能性への信頼が鋭く問われ続ける営みでした。スナイパー（射撃手）の矢は向山先生に向けられていました。

3　第二日目

第一日目（四月六日）に向山先生は次の話をしました。

（一）ひいき、差別は絶対にしない。許さない。
（二）一人のこらず先生がかしこくしてやる。
（三）教室はまちがえる場所だ。うんとまちがえなさい。
（四）できる、できないは共に錯覚で、大きな差はない。
（五）毎日二時間机に向かいなさい。

《向山》
一日がすぎそしてまた一日がすぎる。
一日という時間に何というやるべき多くのことがあることか。

第二日目は計画では、「六日の話を具体化、号令係を決める〈吉岡に〉、席順、授業をすること」となっていました。号令係は前日に吉岡くんに決めてあります。
実際の第二日目の様子を『スナイパー』に見てみましょう。

出逢いの序章〈開幕のドラマPart II〈『スナイパー』No.６〉

◇ 座席を決め、印刷物を配り、早速授業をした。最初の授業は自分の名前を漢字で三回書かせる事である。一人一人持ってこさせ、ダメなのはやり直しを命じる。実は〝ゆとり〟とやらがあれば、これだけを一週間やりたいのだ。そうもいかぬからさわりでおしまいである。

◇ この事だけで、その子の性格、学習態度、今までの積み重ね、はては机の上の様子まで、大体わかる。むろん概略である。百発百中とはいかぬが、九〇％はあたる。「机の上がいつも乱雑なんだろう」「まちがえるとやだと思って手を上げないだろう」等と言うと、ほとんどの子はうなずいていた。

◇ あたり前のことだが、字がしっかりしており、ていねいで、三つとも乱れないのがいい。斜めになったり、最後の方がだらけたりしているのは、たった自分の名前を三回書くことすら耐えられないのだ。書き直しをさせると大体しっかりしてくる。しかし一向にかわらないのがいる。実は、これが難物なのだ。こうした子は、ある線ま

《向山》
シンプルで簡単で吉岡でもできて、そして、奥行きのある授業を一つ一つと重ねていくこと――それが大切なのだ。

でくると伸びなくなる場合が多い。十才にして、すでにパターンが強固にかたまっているからだ。その後、ノートを書く時、きちんと書くよう話した。

◇　次は算数だ。今日も吉岡がよく手をあげ、大活躍だった。つられた様に他の子もあげ出し、全員があげる場面も何度か見られるようになった。手をあげないと調査票にあった人もいたが、あれはうそだろう。みんな手をあげる。それとも、吉岡のせいか。吉岡のおかげで、彼がさっさか手をあげ答えてしまうから、みんなもそうなったのか？　とまれ、昨日と格段とちがっていた。

◇　4＋2＝を聞き、ついで4m＋2を聞いた。とても傑作だ。6mとか、6とか、実はこれは〈できない〉である。又は〈4mと2〉と答えるしかない。後者が六、七名おり、ほめてあげた。計算器でもできる事をやる子が算数ができると思いがちであるが、基本を考え考えやる子でないと、こういうのは手が出ない。

◇　次に①4÷2＝　②4m÷2＝　③4÷2m＝　③4m÷2m＝　を出す。

①は2　②は2m　③はできない　④は2が答えである。〈できない〉という便利な答えを覚えた子は、②も③も④も〈できない〉等と書く。正解、それぞれ十名前後である。「少しは自信なくなったか？」と聞くと、うなずいている。

◇　次は①4×2　②4m×2　③4×2m　④4m×2mである。①、②は正解が多かった。しかし③をできないとする子がほとんどである。3×2は2×3と同じ、3＋2

《向山》
やさしい問題をシンプルにしてテンポよく続けること。

は2＋3と同じ事は昔やっているのだ。交換の法則（a×b＝b×a, a＋b＝b＋a）には、足し算、掛け算にのみに成立する。交換の法則は、割り算、引き算では成立しない。従って③は８ｍである。本日一番の見物は④である。全員が〈できない〉というのだ。4m×2mはできる。答えは８㎡である。長方形の面積である。

◇　どんな感想を持たれただろう。〈できる〉という自信を持ちすぎない方がいい、〈できない〉と自信をなくさなくてもいいという事が少しはおわかりいただけたであろうか。

最初の授業は自分の名前を三回書かせることでした。このことだけで、その子の色々なことが分かるといいます。実態把握ができるといいます。だめなものは書き直しをさせ、ノートをきちんと書く指導をされています。

次は算数です。学級経営の計画では、「第一日目に話したことを具体化する」とあります。それは、できる、できないというのは共に錯覚で、大きな差はないこと、おおいにまちがえて賢くなろうという話を具体化させることでした。

向山先生は簡単な足し算、掛け算、割り算の問題を出して、できると思っている子も分かっていないことを暴露し、簡単なことの中に深い意味があること、深い意味を分かることが勉強なのだと教えます。

日々の記録には第二日目の様子は次のように書かれています。

> 4／7（木）学級通信『スナイパー』に昨日のことをのせる。再びほめられる。
> 算数の授業で挙手。4×0、4＋2で指名正解。
> 作文を書かない。ほめられた事を書くよう指示。二行の文。

学級通信『スナイパー』は学級経営案に「基本理念をくりかえす、子どもの成長を吉岡を軸に」と位置づけられていました。吉岡くんは第一日目のことが書かれた『スナイパー』を渡されて再びほめられています。

また、作文の時間もあったようです。文を書くのが苦手で吉岡くんは書けなかったようです。ほめられたことを書くように指示されて、ようやく二行の文を書いたようです。この吉岡くんがやがて1ページほどの日記を書くように変わっていきます（『調布大塚の生活指導』に実物のコピーが載っています）。

4　第三日目

第三日目の様子を『スナイパー』で見てみます。〈『スナイパー』No.7〉

《向山》
作文を書くように指示した。「二行をかきなさい」と。

◇　昨日、国語の詩を二回書き写してくる宿題を出した。学校でやった残りであるが、時間にすれば十分でできるものである。忘れた者が十名ほどいた。理由を聞くと、「一回でいいと思った」等というのがいる。授業の時、しつこいくらい念を押しているのだ。「先生は遊んでいてガラスを割ったというような事でおこった事はない。しかし、自分をだめにするだらしなさ、能力を伸ばすのに害になるいいかげんさに対してはきびしい。執念というほどしつこいから、心しておきなさい。」と言った。黒い影はたとえ少しでも見逃してはならぬ。国語ノートを調べて、赤ボールペンの評定のないのが忘れた者である。「A゜」は作家だけ。他に「A」、「A'」が六名ほどいた。

◇　発言してもらう時、指名しないで自由にやってもらう場合がある。「この詩を読んで下さい。誰でもいいです」というようにだ。今日は伊藤美香が最初にさっと立って読んだ。とても上手であった。六名ぐらいがそれに続いた。

◇　「1から10までの数で集合を考えてごらんなさい」と、昨日の算数の時に言った。別に宿題でないし、話しのついでに出したものだ。今日聞いたらやっていたのは、美香と鈴木の二人であった。正誤はともかく、その姿勢がすばらしい。こうした意志が人間を育てていくのだ。ちなみにこの問題、三代目とやった時には、答えが60近く出た。

◇　算数の十進法を教えるのに、二進法、三進法をやり、数の発生もやった。その中で、「数がない時、牛などの多少をどうして比べたか」という問題や、数が〈0、1〉

《向山》
「指名なし朗読」である。向山実践では、このようなことは、当り前のことだった。

の二つしかない時、５つ分をどう表すかなどを勉強した。そしてローマ数字の発生と、Ⅰ　Ⅱ　Ⅲ　IIII　Ⅴ　と書き、いくつかの数をまとめる考え〈５をⅤに10をⅩに〉を説明した。何人かが「IIIIはない」と言った。そう、ないのだ。ではどうしてⅣと書くのか聞いたが、誰も考えられない。知識として知っているだけだ。しばらくして竹山が「左に書くと引く意味じゃないですか」と言った。その通りなのだ。５をまとめてⅤと書く。１を引く時は左に、１を足す時は右に書く。従って４はⅣであるし、６はⅥであるのだ。ついで漢数字で〈二百×三百五〉というような計算をさせた。しばらくして子どもたちが「できない」という。そう、これはできないのだ。「どうしてできないのか」と聞くと名取が「位取りがあらわせない」と答えた。〈ゼロの発見、位取りの発見〉こそ、演算を可能にした事を話し、それまでは計算器（ソロバンなど）が必要であった事を話した。

　第三日目の授業では、まず第一に宿題をやってこなかった子どものいいかげんさを叱っています。自分をだめにするだらしなさはきびしくチェックをしていくから心しておきなさいと宣言しています。

　勉強への態度をつくる黄金の三日間の布石だと思います。宿題をあまり出さないという向山先生が第二日目に意図的に十分ぐらいで終わる宿題を出したのだと思います。

ノートの書き方も指導されていました。おそらくミニ定規の使用や赤鉛筆の使用についても徹底して指導されていたのでしょう。黄金の三日間の指導は細かくて、徹底していて、しかも基本理念を繰り返し訴えていく骨太さがあります。

第三日目の授業では、算数の知的な授業が行なわれています。二進法、三進法、ゼロの発見、位取りの発見ともっと詳しく知りたい内容です。今年始まった千葉大学での授業でも大学生を相手に同じ数学の授業が行なわれているそうです。五年生の子どもたちが大学生と同じレベルの知的な授業を受けていたわけです。

学級経営案では第三日目は、「ルールの確立、みんなのやりたいもの、年間のイメージ」となっていました。

「みんなのやりたいもの、年間のイメージ」という課題はどのようなものだったのか、どう行われたのかは『スナイパー』等に書かれていないので分かりません。

吉岡くんへの基本方向の計画の中の、「C　はじめから役割を与えること」の二つ目に「自分のやってみたいこと⇩作文に書かせる」と書かれています。このことと何か関係があったのかもしれません。

第三日目の様子は、日々の記録では次のように書かれています。

4／8（金）二進法三進法の算数の授業で手をあげる。

《向山》
教育とは、このように一つ一つの具体的なスキルから成り立っている。

休み時間になるといつもぼくのそばにくる〈かしこくしてやる〉
〈乱暴をしない〉の約束の確認（しばしば）
服装が俺と全く同じ（ジーンズ）何か使えないか

これを見ますと、吉岡くんが休み時間にいつも向山先生のそばに来ていることが分かります。その時に向山先生は吉岡くんに繰り返し〈かしこくしてやる〉話や〈乱暴をしない〉という約束の確認をされていたようです。

吉岡くんの課題は、自分自身とうまくつきあうこと（自尊心の回復、意欲）とまわりの人とうまくつきあうこと（他人への配慮、信頼する心、愛されているという安心感）の二つだったのだと思います。

向山先生は吉岡くんをほめることや学習への意欲づけで彼が自分とうまくつきあえるようにしています。次の節で見るようにできないことを一つ一つできるようにすることで自己認識を前向きなものにするようにさせていきます。

しかし、もう一つの課題であるまわりの人とうまくつきあえるようにさせることも指導していました。吉岡くんはまわりの人とうまくつきあうことがへたでした。

休み時間に吉岡くんが向山先生のそばに来るのはしばしば普通学級の障害児に見られることです。障害児にとって先生が唯一の安全な島なのです。障害児はまわりの子たちとうまくつきあえないのです。これは就職した能力の高い障害者でも同じです。彼らは仕事はできます。彼らが苦手なのは職場での休み時間や昼休みです。まわりの人たちとつきあえないのです。他の従業員との適切な距離がとれることの指導は大事な職業指導です。

ですから向山先生は学級経営案の中で、「ひきょうなことはきらいだ」「ものをなげる、かみつくことはひきょうだ」「弱いものいじめはきらいだ」「うそはきらいだ」ということを吉岡くんにくり返し伝えていきます。他の子たちと適切につきあえるような社会的スキルの指導が重要でした。おそらくクラスの一員となっていった吉岡くんは一学期ほど向山先生にべったりと来なくなったのでないでしょうか。

吉岡くんは友だちと仲良くなりました。ふざけて友だちの首に腕をまわします。その時に吉岡くんは相手が殺されると思うほど腕に力を入れてしまうのでした。

> しかし、彼には分からなかったのだ。彼には、大切な成長の時期に、そうしてふざけることがなかったからである。友人に腕をかけるという何気ない動作さえ、どのようにしたらいいのか彼は分からなかったのだ。彼が「死にたい」と昔ぼくに言った言葉の、その奥の奥にある測りしれない孤独な姿をそこに見てぼくは泣けた。
>
> （『教師修業十年』六十ページ）

《向山》
「弱いものいじめはきらいだ」このような大切なルールをくり返しくり返し教えること、それが教育の出発点である。

五　誰でも可能性があることを跳び箱を全員とばして証明せよ

1　学級経営における跳び箱の位置

向山先生が春休みにつくった学級経営の中に跳び箱が位置づけられていました。

a　〈誰でも可能性はある〉

d　〈先生がみんなをかしこくしてやる。できるようにさせてやる〉

まず、跳び箱を全員とばせてやる

向山先生は学級経営における跳び箱の位置について次のように書いています。

私は担任をすると初めに、だれでも可能性を持っていることを話す。教室は失敗する場所であることも話す。学問は失敗の連続のうえに真理をつかんできたなどということを例示する。また、「きみはほんとうは小学生なみの劣等生なんだよ」と言われていたノーベル文学賞作家のハウプトマンの話や、箸にも棒にもかからない最低の生徒であり、両親からさえ、初めは知恵おくれの子どもではないかと心配されたアインシュタインの話などをする。

子どもたちは、くい入るようにして聞いている。いままで考えたこともないことにふれた驚きもあるからだ。

しかし、教師がいくら情熱的に、しかも、感動的に、可能性のあることを述べても、それが言葉でとどまる限りは、子どもは心の底からは信用しない。心では「そんなことを言っても自分はだめなんだ。あいつだってだめだ」と思っている。可能性のあることを信用させるには、事実で示すことだ。一つ一つの事実を積み重ねていくことである。いままでできなかったことをできるようにさせることである。

できない子どもをできるようにさせることによって、できる子どもも伸ばすということが、私は教育の一つの本質であると思っている。（中略）

私はだれでも可能性のあるということの証明として、跳び箱が跳べない子をまず跳ばせることにしている。子どもがいままで不可能だと思っていたことを可能にしてやるのだ。事実で見せるのである。これは、担任をして一週間ぐらいのうちにやるようにしている。

（『教え方のプロ向山洋一全集十四　感動のドラマ「跳び箱は誰でも跳ばせられる」』明治図書、一九九九年、一九～二〇ページ）

2　跳び箱がとべた！　吉岡くんもとべた！

吉岡くんのいるクラスでも、この学級経営の計画にそって四月十五日に跳び箱が行われました。

その時の様子を『スナイパー』で見てみましょう。

本野景子

◇二時間目の体育が始まった。講堂だった。向山先生が「飛び箱の五段を持ってらっしゃい」と言いました。各列ごとに持ってきた。一回ずつ飛んでみた。「飛べなかったの立て」と言った。山下さん、平川さん、土谷さん、吉岡くんの四人だった。向山先生がおさえていた。箱にすわって、重心をかけて飛ぶのを練習した。それでもう一回とんでみた。三人がとべた。平川さん一人で教えてもらった。そしたらとべました。はく手をしました。向山先生にもしました。みんな、すごいね、すごいねと言っていました。私も「やればできるんだな」と思いました。

山下りえ

◇先生が「とびばこ」と言ったので、私はドキッとしました。みんなが次々にとん

《向山》
跳び箱も大切な教育の場だった。

でいました。とうとう私の番になりました。私はとべなかった。その時、私はべつに不安ではなかった。それは、先生の言ったことを信じたからです。先生は自信にあふれていました。そして先生が「できなかった人だけ集まりなさい」と言いました。私いちばん初めでした。ドキッドキッとしました。何回もやりました。その時先生は、いっしょうけんめいやっていたので、わたしもいっしょうけんめいやったらできました。先生はすごいです。だって、四分で四人を全部とべるようにしました。私たちは「すごい」と言いました。とてもうれしかったです。

平川有美

◇体育の時間に「とび箱を持って来なさい」と言われた時、どきどきしていました。みんなはすいすいとんでいるのに。とべない人で集まった時、はずかしかった。私のほか三人できて私だけが残った。一人残ったことはいやな事だ。でも、そんな事思ってもしょうがない。いっしょうけんめいやったけど、とべない。二、三回ぐらいで飛べた。その時とてもうれしかった。

小沢明子

◇…だけど一人とべなかったので、先生はその人を飛び箱にすわらせて飛ばせるのを二回ぐらいくり返しました。先生はうなずき、私はいいんだなと思ってその人を見つめました。「トン」、ふみ台の音が強く響きました。その人は飛べたのです。それもたった四～五分で飛ばせたのです。私はびっくりしてその人と、そして先生に拍手しました。私は、先生がわたしたちをよい人間にしようとしているのだから、わたしもがんばらなくてはと心で思いました。

（『スナイパー』No.14、16）

3　教室のダイナミズム　一人の変化は全体に波及する

子どもたちの作文を載せた後に向山先生が次のように解説しています。

◇　とび箱が全員とべるようになって、成長したのは誰であろうか。とべるようになった四人であろうか。むろん、四人は成長した。とべるようになったし、自信もついたろうから。

しかし、それだけではない。作文を見ておわかりのように見ていた子供も成長したのだ。「やればできるんだ」「困難に挑戦したくなった」「私もがんばらなくてはならないと思いました」等と言っているのである。一人の子供の成長はクラス全員の成長につながるのである。それが教室である。一対一の教育では得られぬものが教室にはある。

（『スナイパー』No.18）

別の論文で向山先生は同じ子どもの作文を示した後で更に詳しく「教室のダイナミズム」について述べています。

> 子どもの社会の中にある、できる子を頂点とし、できない子を底辺とした社会構造は、子どもにとって宿命的なものとして受けとられがちなのである。できる子にもできない子にも動かしがたいことと思われているのである。
> 事実、こういう構造を持ったクラスは多く見られる。こうした構造がかたいクラスほど、子どもの動きが乏しく、水準も低いものである。できる子にとってもできない子にとっても不幸なことである。(中略)
> 子どもの世界の社会構造は、教師が話をしたぐらいではなくならない。点数をなくしたぐらいでもなくならない。
> 「できない子」を「できる子」に変えた事実(または変わったという事実)を一つと積み重ねるしかないと思うのである。
> これが教師の仕事の中心なのだろうと思う。事実を見ることによって、体験することによって、子どもは変わる。驚くほどに変わる。
> 「跳び箱を全員に跳ばせる」ということは小さな事実である。

《向山》
「跳び箱」をとばせたことを例にして、更に深い教育をしていく。一つの事実を、何倍にもしていくのは教師の仕事である。
力ない教師はポツン、ポツンとつまみ喰いだけやって満足してしまう。

しかし、小さな事実が大きな意味を持つのが、教育の現場なのである。

（向山洋一『教え方のプロ向山洋一全集十四　感動のドラマ「跳び箱は誰でも跳ばせられる」』明治図書、一九九九年、二一二～二一四ページ）


跳び箱がとべない四人の中に吉岡くんが入っていました。吉岡くんは作文を書いていませんので、跳び箱がとべて吉岡くんがどう感じたのかは分かりません。

しかし、跳び箱の一ケ月後に彼は大きな変化を見せます。

六　「一人ももれなく」の信条がためされる時

1　「一人ももれなく」の信条の宣言

吉岡くんは五年生に進級する時に署名を集められ「転校させてください」と言われた子でした。でも向山先生が担任になってくれれば一年間は我慢すると言われて向山先生のクラスの一員になったのでした。

向山先生が次のように「一人のこらず」「一人ももれなく」と宣言するとき、その中には吉岡くんが含まれていることはすべての親が知っていることでした。

向山先生自身、「一人のこらず」「一人ももれなく」と宣言することは自分自身を狙撃することでした。

「一人ももれなく」というのは単なるスローガンではなく、ぼくの稼業の魂そのものなのだから。その過程で誤解が生じようとかまわないし、弁解するつもりはない。「一人ももれない」からこそ、ぼくの教育は成立する。「一人でももらしたら」「一人でもその教育を放棄したら」、ぼくはその子と心中する。三四人一人残らず、その子が居たからこそ、これを学んだというものを創らねば教育ではないと考えるからだ。一人残らず互いに学びあってこそクラスは存在する。

（『スナイパー』No.8）

一人の子どもの成長は、クラス全員の成長につながるのである。それが教室である。一対一の教育では得られぬものが教室にはある。そして、突破した困難が大きければ大きい程、与える影響も大きい。（中略）

このクラスにも程度の差はあれ、すべての子が障害をかかえ、何らかの作用を及ぼしている。それが目立つと俗に問題児といわれている。ぼくは、そのような

《向山》
「クラス全員、一人のこらず」という言葉の重みを、教師である私自身がつきつけられていた。

各自の障害、又はいわゆる「問題児」こそ、クラスの前進の源であり、宝であると考えている。何も問題なく障害のない所では、淡い感動しか得られず大きな飛躍の場が得られないからだ。（中略）

四代目が三代目をぬけるとすれば、このクラスに三代目以上の困難が存在する時である。

（『スナイパー』No.18）

最後の文章で向山先生が一般論として「問題児」について語っていないことはクラスのすべての親たちは知っていたでしょう。向山先生が吉岡くんのことを言っていることは確かです。向山先生は吉岡くんこそ、クラスの前進の源であり、宝であると宣言したのです。

そして「一人ももれなく」の信条がためされる時がやってきます。

2　嵐のように熱く長く続く拍手〈『スナイパー』No.42〉

◇四時間目、国語の時間である。休み時間に吉岡がやってきて、「熱っぽいから、勉強する気がないからね」と言ってきた。熱がある時、吉岡は気げんが悪くなる時が何度かあった。そんな時、彼は何を言っても通じないという面があった。どれだけの言葉と態度を使おうと、かたくなに拒絶した。それはまるで心に鋼鉄の二重、三重の扉をしたみたいであった。そうでない時、彼は優しい優しい子どもであったが、ひとたび拒絶すると鉄の扉にかくれてしまうのだった。

◇授業が始まった時、教科書も出しておらず、当然の如き顔をしていた。何度注意してもだめであった。ぼくは、彼の机の中から教科書をとり出しひろげた。彼は冷たい目をしてそっぽを向いていた。

◇順番に教科書を読んでいった。四番目が彼の番だった。彼は一向に読もうとしない。となりの子や前の子が何度か読む場所を教えたが、だめであった。ぼくが何度さいそくしてもだめであった。「読まない」という状態を黙認するかどうか、しばし迷った。黙認する事は、彼の存在を特別として認める事であり、三四名のクラスを三三＋一名にしてしまうことだった。しかし、あの鉄の扉があけられるか不安だった。いや自信はほとんどなかった。しかし十年間の教師生活でつちかったものと彼との二ケ月の生活が、「それでもプロの教師か」「一人残らずと言えるのか」と、せきたてた。教室は重くるしい空気ではりつめていた。三三名の子どもが息を殺してぼくと吉岡に注目していた。

《向山》目はつりあがり、すべてを拒否していた。

《向山》この時の緊張感を今も思い出す。教師としてギリギリの判断を迫られた一瞬であった。

◇　椅子ごと身体を出し、本を持って立たせた。このクラスになってはじめて荒々しい言葉を使った。三代目まではビンタもよくしていたが、今は手を上げるのはおろか、大きな声さえ出していない。荒々しい言葉に吉岡の扉は更に固くとじられた。冷たい視線だけが返ってきた。

「君はこのクラスの一員だろう。それならば読みなさい。それとも君は、自分一人だけが特別にあつかわれたいのか？　みそっかすになっていいのか」

「君には読める目もあり話せる口もあり読む力もある。読みたくないなんて、ぜいたくを言うんじゃない。読みたくても読めない人もいるんだ」

「先生は君の言うことを九九％認めてきた。しかし、どうしても許せない事もある。ここは教室であり、君達がかしこくなる場所だ」

何をいってもだめであった。あの氷のような冷たい目の中にとびこみ、固い扉をこじあけ、殻をこわし、やわらかい心まで届くすべはないのか、何度もひるんだ。とり返しのつかない事をしてるんじゃないかと思った。

◇　執念しかなかった。教え子を前にした教師の執念だった。夜中までもつきあおうと決意した。ここで負けたら終わりだと思った。「何時間でもやろう、昔九時間やった事がある」そう宣言した。重苦しい時間は続いた。

《向山》

「冷たい目」の中に入っていかねばならないのだ。

こじあけなければならないのだ。

私は、自分にそう言い聞かせていた。

何か一言いった。小さな声だった。「やれる」と思った。子ども達は本をきちんと持ちなおした。何かが始まりそうな、はりつめた空気が流れた。

「そして…」ついに読んだ。一行読んだ時、嵐のように長く続く熱い拍手が起こった。人生に何度もあるものではない。魂がゆすぶられた時の拍手だった。どの子の顔も輝いていた。どの子の顔もほほえんでいた。どの子の瞳もうるんでいた。吉岡は更に読み続けた。つっかえるとみんな助けていた。せきばらい一つ、もの音一つしなかった。一ページ余り、全部読んだ。再び嵐のように熱く長く激しく高らかにひびく拍手だった。ついに鉄の扉をこじあけたのだった。固い殻の奥の心と、三三の小さな心と教師の心を一つに溶けあわせられたのだった。

終わったあと、校長室のソファーに横になった。身も心もつかれ切っていた。誰とも話したくなかった。ボロボロに疲れた心の底から熱いものがこみ上げてきた。熱い川は次から次へと押しよせ、とめどなく流れ落ちた。

3　嵐の如き拍手に呼応して、母なる大地から

「嵐のように熱く長く続く拍手」はスナイパーの中で最も感動的な場面を描いています。何の前情報なしに原資料の『スナイパー』のこの場面だけを読んでも、その迫力に圧倒されることでしょう。しかし、この場面に出てるS男が吉岡くんであると思

《向山》
拍手は長く長く長く長く長く続いた。

《向山》
私は、本当につかれ切っていた。

って読むと、「ついにきたるべき時がきた」と思って読んでしまいます（一三〇ページにもS男を吉岡くんと変換している旨の注記あり）。

向山先生と吉岡くんとの峻烈な闘いにお母さんたちはわが子のことのように感激しました。

嵐の如き拍手に呼応して、母なる大地から〈『スナイパー』No.44〉

A男の母

◇私は今、こみあげる感激をどう抑える事も出来ず、思わずつたないペンを握りました。教室での出来ごとがまざまざと想像出来ます。

他人事ではなく、我が事のようにうれしく思います。人間にとって、人と人とのふれあいが、立派な人との出逢いが何にもまして財産だといつも思っておりましたが、先生を見ていると今さらの如く痛感いたします。

「教育の原点」を先生は紙上を通して常に教えて下さっておりましたが、この様にきめこまかい教えをまのあたりに見て、〈プロの教師〉の心がまえに感動いたしました。

B男の母

《向山》
親たちは、教師の実践に熱く応えてくれた。

◇今、『スナイパー』を読ませていただきました。感激で胸一杯になりながら先生にお礼を申しあげたくペンを取りました。彼はもちろん、我が子、他の子に代わり、本当に心から「ありがとう」を云わせて下さい。この日を、子供達は四年間待っていたのです。＋一でない、皆同じクラスの仲間になることを…。どんなにか望んでいた事でしょう。それを先生がやって下さったのです。先生本当にありがとうございます。

C子の母

◇娘が学校から帰るが早いか『スナイパー』を拝読しております。毎日、感心したり、感激したり、時には笑ったり…。

でも、今日程、私が胸うたれた事はありませんでした。No.42を読んでいくうちに胸はドキドキなり、目は走るように字を追いかけました。終りの方では目頭が熱くなり、読み終わった途端こみあげてきました。そして、もう一度ゆっくり読み返しました。教室での先生の毅然とした態度、そして子供達のその光景を見守る不安な顔が頭の中に鮮明に映るのです。

先生本当におめでとうございます。そして自分に打ち勝った吉岡君おめでとう。心から拍手を送ります。この様に子供一人一人に対する細やかな神経の行き届いた教育を体験している子供は本当に幸せです。親として感謝に耐えません。

《向山》

「四年間待っていた」という文字に、その重さを私は感じた。

4　教育は手品ではない

向山先生は母親たちから寄せられた感激の手紙に返事を書きます。

◇教育は手品ではない。瞬時に変わる事などあり得ない。ぼくも子供も全力を尽くして、なお目にもとまらぬささやかな変化しかうまれない。そしてそれは砂上の楼閣の如くいくたびも崩される。しかし、何度でもそうした砂上の楼閣を創る営みの後にしか、そんな空しい行為の中からしかたしかな教育はうみ出せないと思う。

〈『スナイパー』No.44〉

◇No.42に対するたくさんの感激に満ちた手紙を受け取った。すべての人間の心を溶かし込んでいく巨大なドラマの幕あけであった。これは、むろんぼく一人でなしとげたものではない。クラスの仲間、父母、三代目の子ども父母、大塚小の教師達、そして何よりも吉岡とその家族の人々によって創られた出立の狼煙であった。ぼくは力弱い一人の教師にすぎない。教師の職にあれば、プロであるにちがいないのに、それをわざわざプロの教師であるなどと言っているトンチキな人間だ。しかし、そんな弱い人間でも、自分のまわりにあるすべての教育作用を組み合わせ集中させていけば、不可能と思えることもなしとげられるということだと思う。

◇手ばなしの感激の手紙への返信に次のように書いた。「そうした感激を共有しながら、そしてはげまされながら、ぼくは手ばなしで喜べません。手ばなしで喜べるのは「他人」だからなのです。親は喜びの中に、すでに先を見通した感慨があろうと思います。ぼくも、そうした親の心情までふみ込んで考えたいと思います。たった一つのドラマで、口先だけで人間が変わるのでしたら、教育ほど楽なことはないのです。反対に、何度も失敗し、何度も裏切られ、何度もみじめな思いをし、そしてなお、その中に可能性を見出すことに教育の原点はあるのです。ぼくがやったのは、鉄の扉を本当に開けたことではありません。穴を、それも針の穴ほどの小さな小さなものを開けたにすぎません。」

〈『スナイパー』No.46〉

5　開きはじめた鉄の扉

ドラマの翌日から吉岡くんは確かに変わりはじめました。

◇ドラマの翌日、吉岡は小さなシャベルで男の子をたたいた。何の事もなかったが、

《向山》
たった一つのドラマで教育は終わらない。小さなドラマを、一つ、また一つ、そして一つ、更に一つ、その上に一つ、こうしてつみ重ねていくのが教師の仕事なのだ。

ぼくはやり切れなさに怒りをもやし、腕をつかんで校長室に連れていった。
「ぼくはやってない」と吉岡はいいはった。何度正しても駄目だった。ぼくは思い切りビンタをした。針の穴ほどに対する絶対の自信があった。彼は冷たい目を返さなかった。突然「ワーン」と大声で泣きだした。それは思ってもみなかった事であった。「ぼくはすぐ忘れるから」と小さい声で言った。「そんなはずはあるもんか」とたたみかけると、「すみませんでした。うそをつきました」とあやまった。とても素直な、かわいらしい表情だった。教室にもどり、すなおにあやまった。

◇　針の穴をこじあけた感じだった。しかしこの日から吉岡はかわった。本質がかわりはじめたのだった。国語の漢字ノートにとり組むようになり、算数の計算をやるようになった。漢字の書き順がわからず、お手本を書いてやり、鉛筆を一緒に持って動かしたりした。吉岡は休み時間でもやっているようになり、廊下を走る物音に顔をしかめるようになった。

小数のかけ算のドリルで一〇〇点をとり、職員室に持って行って、校長、教頭はじめ多くの先生にほめてもらった。学級紹介のテレビ録画で司会をやり原稿をけんめいに準備し見事にやり通した。

《向山》
この時、私のとった方針の正しさを、多くの教師の知恵が私の中に流れていたことを、実感した。

◇　本日、何人かの席を入れかえたのだが吉岡は「もっと勉強したい」と言って一番前の席にうつった。3.5÷2.5＝1.4は「何を1とする時、いくつがいくつにあたるのですか」という問題を、上田、竹山、神富など七、八名ができずに立っている中で正答を何度か答えた。「どの人間も可能性がある」ことを吉岡は事実で示した。五の一は誕生以来まだ2ケ月である。その間の前進はささやかなものにすぎない。しかし、何と価値ある日々であったのかとぼくは思うのである。

〈『スナイパー』No.46〉

6　鉄の扉とは何か

教科書を読もうとしない吉岡くんと向山先生とのやりとりには空気が凍りついたような緊張感があります。中でも次の描写に強い印象が残りました。

> 何をいってもだめであった。あの氷のような冷たい目の中にとびこみ、固い扉をこじあけ、殻をこわし、やわらかい心まで届くすべはないのか、何度もひるんだ。

ある軽度の知的障害の男性がいました。彼は何度も問題行動を起こし叱られてきました。お説教を聞くときの態度が無表情でまるで反省の色が見えません。叱っている職員は「おれのことじゃねえやという顔をして」と腹をたてます。

精神科医の飯田誠氏はいいます（飯田誠『ちえ遅れのこころの問題事典』学習研究社、一九八八年、百ページ）。

> 彼は何度も同じ経験をもっており、いやなお説教を受けることを知っている。彼は軽度であるから、「しまった、またやってしまった」と思っているのである。そしてこのお説教を聴くことは、針のムシロにすわらされているようにつらいのである。この針のムシロから逃げ出す方法としては、心理的なよろいを着るしかない。これを心理的防衛機制と言うが、このメカニズムが強く働くからシラッとした顔つきになるのである。このようなよろいを着ているときには何を言っても、はね返してしまうから効果はないと思ったほうがよい。

吉岡くんも小さい頃から何度も何度も叱られて、いつのまにか自分を守るために心のよろいを着るようになってしまったのではないでしょうか。

飯田氏は心のよろいを着た時には何を言っても効果はないと思ったほうがよいとおっしゃっていますが、実践家の向山先生は吉岡くんの心のよろいをこじあけ、その向こうにあるやわらかい心に触れました。

ですから、ドラマの翌日にシャベルで男の子をたたいて「やっていない」といいはった吉岡くんですが、向山先生にビンタをされると突然「ワーン」と大声で泣きだし、すなおにあやまったのでした。吉岡くんはもう向山先生に心のよろいを着ることがなくなったのでした。

知的障害児には失敗経験がたくさんあります。失敗経験から知的障害児は学びます、「失敗しないためにはやらないにかぎる」と。

飯田誠氏はこのようなもう一つの心のよろいを次のように解説しています（前掲書、九十五ページ）。

> 彼らには失敗体験が多い。すなわち、できないことをやらされて、失敗してみじめな思いをさせられることが多いのである。このような経験をたくさんもっている彼らは、テストに対して極度に緊張する。そして、「できない、わからない」と予防線を張るのである。失敗をする可能性の高いことには手を出さないに限るということは、当然の心理と言うべきではないか。

伊勢原養護学校の高等部に勤務する石塚慶人先生によれば、中学の普通学級から高等部に入学してきた生徒たちは最初はみんな右のような心のよろいを着ているといいます。

ほとんど自分からしゃべらなかったり、授業で手をあげたりしない。

普通学級の中でお客さん扱いされ、本人たちも失敗しないように黙っていることを身につけてきているのでしょう。石塚慶人先生によれば、できないことをできるようにする授業の中で彼らは徐々に活発になっていくといいます。

向山先生の「まちがえるからみんなは成長する」「学級はまちがえる場だ」というメッセージ、できないことをできるようにする実践は、失敗をおそれる心のよろいを脱がせて前向きに学ぶ姿勢をとらせることを目標にしていると思いました。

七　日々の記録にみる吉岡くんの成長

「嵐のように熱く長く続く拍手」の場面は誰もが感動する場面ですが、その場面だけで吉岡くんが変わったとは思えません。決定的場面ではありますが、その変化を用意する過程があったのだと思います。

さいわい、私たちは『調布大塚の生活指導』の中の「日々の記録」という箇所である程度その過程を追うことができます。

「嵐のように熱く長く続く拍手」（五月二十五日）の前までとそれ以降に分けて次に

紹介します。

1 「嵐のように熱く長く続く拍手」の前

4／1（金）家へ電話（面会日決定）校長の了解を取る。小笹先生とひきつぎ。

4／4（月）母親への質問整理。ぼくの見解をまとめる。

4／5（火）母親本人と面談（2：30～4：30）結果を校長に報告。

4／6（水）とにかく認めること、全員の前で‼　始業式、名札を3人つけていた（そのうちの1名）3名に仕事をわりあてる。彼は号令係〈授業開始の号令など初めて〉口をきくのもやなほど疲れる。

4／7（木）学級通信『スナイパー』に昨日のことをのせる。再びほめられる。算数の授業で挙手。4×0、4＋2で指名、正解。作文を書かない。ほめられた事を書くよう指示。2行の文。

4／8（金）二進法・三進法の算数の授業で手をあげる。休み時間になるといつもぼくのそばにくる。〈かしこくしてやる〉〈乱暴をしない〉の約束の確認（しばしば）。服装が俺と全く同じ（ジーンズ）何か使えないか。

4／9（土）卒業生7名授業参観。20分休みに他人にちょっかい、呼んで注意する。本人了解。

《向山》
春休み、私はむかえる準備に没頭していた。

《向山》
四月六日、ついに始業式。
やりたいことは、いっぱいある。
しかし、方針は一つだ。
たった一つの方針で臨んだ。

4／11（月）国語宿題（詩の書写）提出、親の下書きあり。〝本を買う〟と母親に言ったとのこと。弟（姉の子）について作文をかく。K医師と話す。意思の交流可、病識あり、の故に、困難ではあるが教育可能。

4／12（火）図工の時間、伊藤のクレヨンをふむ。筆の水をかける。本人に聞く、水の点は否定。クレヨンの点は「ちょっとつまずいただけ」「いいことですか、悪いことですか」と聞くと「悪いこと」と答える。あやまらせる。すなおにあやまる。「約束を守らないなら先生は知らないよ」と話す。体育の時、とび箱で吉岡をとばす。〈機能障害ないみたいである。〉

4／13（水）風邪で欠席。

4／14（木）3：20母より電話あり、38度の熱。発作4回とのこと。〈薬を変えたこと〈新しい生活で緊張してるから〉との医師の診断。6月に脳波をとる。

4／15・16　欠席。

4／18（月）元気に登校。給食の時、牛乳パックをしまうことでトラブルあり。きれいにたたんだ牛乳パックを片付け忘れ、他人のだといいはる。瞬間の記憶がないことを思い出し、前担任、母親に聞く。母親におぼえあり、〝人がきたよ〟と、ずれていうことありとのこと。瞬時の発作につ

《向山》
「下書きの上に、子どもが書く」
親の愛情の深さをそこに見た。
これが潜在意識となって私の中に留まる。
やがて、向山型算数で、大きくとりあげられるようになる。

《向山》
行動の矛盾を一つ一つとりあげてみること。
「どちらも正しいのです」
これが私の判断であった。

いて医師に聞くよう頼む。その点について子どもに話すことを母親にいう。〈どちらも正しいのです〉、片付けたと思いこんだ彼も、片付けないという他の子も…。母親「すべておまかせします。ありがとうございます」校長に話す。

5校時、図書の時間に全員に話す。〈吉岡君はうそをついているのではありません。一時的に電流が切れるのです。小さな障害です。ある種の左きき、近視などと同じです。誰もこうした障害をかかえています…〉シーンとして聞いている。子供たちの顔にも安堵の表情がうかぶ。

4／19（火）　放課後教室に来る。一度学校を出て再び来たのだ。自転車を買ってもらったことの報告。坂本先生に見てもらう。信号について話しをする。「のり方をお父さんにおそわる」といっている。

4／20（水）　7度8分の熱ありとのことで欠席。

4／21（木）　全校身体計測日。心配であったが別にトラブルなしとのこと。

4／22（金）　音楽の学習帳を忘れ河本さんが親切に手配してくれる。教室全体が静かとのこと。算数、掛け算が不十分ながらできる。

4／23（土）　低学年の走ってくるのをとめる。とび箱をするようせがまれる。

4／25（月）　朝礼前に教員室前でうろつく。いつもいる。〝坊やがきたわよ〟と先生方にいわれる。初めて日記を出す。社会の勉強を見てやる。すなおにやろうとする。

4／26（火）やや荒れる。線引きを隣の子におしつける等。二年生の土おこしで手伝い、礼をいわれる。

4／27（水）そばに来てよく話しをする。野球大会のことをメモする。国語の本を3回読む。〈読めない字をみんなが助ける〉〈給食のおかわりをたくさんしたい〉との行動に他の子が強く止める。A男、吉岡に「誰だって食べたいんだよ」

4／28（木）卒業生の双子来る。2時間目の休み時間に吉岡が職員室前をふらつく。そばに来て話しをしたい様子。「吉岡のこと好きだよ」というと「ぼくも」と彼。自転車の信号ストップを話す。日記にて〈この時の自習中にみんなのじゃまをする〉

4／30（土）休み、熱ありとのこと。

5／2（月）2校時より登校。熱ありとのこと。37度少々。母親、2時間目に授業参観。「皆おどろくほど授業に集中している」との感想。全校遠足中止。母親がパンを買ってくる。名取がおむすびを与えていた。ぼくも◯◯先生から140円也のおむすびを買い、〈食べきれないや〉と彼に食べても

《向山》
教員室までやってくるようになったのは、良好な関係がつくられつつあることの証明であった。

《向山》
私のそばにまとわりつくようにもなった。

《向山》
授業は、集中して行なわれていた。

らう。
5校時、小岩来る。小岩につっかかり止めてもきかない。定規をとり野村のイスをおしつける。〈20分休み、荒れているとの斉藤さんからの連絡あり。同じく3校時、音楽の時も、河本さんから連絡あり〉
原因（？）1．熱がある（7度少々）2．雨もよう（湿度高し）3．音楽での高音　4．母親の授業参観　5．弁当なし　6．ぼくがそばにいられなかった　7．小岩が来た　8．その他
熱があり、いらいらし、他にあたりたいのが小岩へとなったのか。後には小岩の家に呼びにいくようになる。
個別的向上的な教育の営みをしていないから…？

5／9（月）本を持ってきて（鉄道の本）しきりにぼくに見せる。ふてくされた態度をとり、うしろの子に机を押しつける。横にすわると静かになる。
5／10（火）体育の時、〈熱がありますから〉、しばらくして〈でも一応用意しますから〉
5／11～13　かぜで休む。
5／14（土）朝、職員室に来る。まだ風邪ぎみとのこと。休み時間、坂上のふで箱をとり、叱られてふてくされる。国（2校時）の時、黒板をうつさな

《向山》
卒業生が来て、私と親しくするとつっかかっていった。

い。しかし、ドリルの問題に手を上げる。当てると正解。四問続けてやらせる。20分休み、廊下で四年生とドッチボール。(ボールをとったりやったりの姿を初めて見る。遊びになっている姿を初めて見る) 3校時、河西のナイフをふりまわす。激して下級生に向けたとのこと(坂本先生が押さえ、話してくれたとのこと)。

2 「嵐のように熱く長く続く拍手」の後

5／25(水)〈嵐のように熱く長く続く拍手〉『スナイパー』No.42

5／26(木) 母親からの激励の手紙多数『スナイパー』No.44

〈この日初めて吉岡をビンタする〉『スナイパー』No.46

東さんより手紙(道で会ってあいさつするようになったとのこと)

小数のかけ算にとりくむようになる。

5／30(月) 音をたてて変わっているという実感あり。

5／31(火) TVの学級紹介の司会をする。あいさつを紙に書いている。天明の紹介の原稿も書いている。6行も!!

6／1(水) 学級会ではじめて発言する。「雨の日の遊びの工夫」本質から変わっているとの確信あり。佐藤先生から「ある看護婦さんによれば、そうい

《向山》 教師生活、最大のドラマであった。

《向山》 音をたてて、彼は変化していった。

う子は絶対にダメだ」との話しを聞く。

6／2（木）本人いわく「もっと勉強したいから」前の席（最前列）へ移る。（今までは刺激が少ない場所がいいというアメリカ心理学の本を信用して廊下側うしろから二番目だった）

6／9～10 出張（遠足）何もなしとのこと。

6／11（土）職員室にむかえに来る。

6／20（月）自習の時、となりの人に手をだしたので思いきりひっぱたく（子どもの前ではじめてたたく）子どもたちはあぜんとして見ている。〈かんにんして下さい〉と泣く。その後、平常。

6／27（月）小岩の母親よりあつし（三年生）とよく遊ぶと聞く。

6／29（水）理科の時、〈木の葉のことで発言〉とのこと、坂本さんより。衣川さん授業参観。その静かさに驚くと言っていた。

7／6（水）プールに入る。水辺で遊ぶ。すみでふるえている。

7／8（金）スイミングスクールに入る、入りたいと聞く。

7／15（金）理科65点。学年で最下位ではない。

7／19（火）夏休みの計画をしきりに見せにくる。

9／1（木）何事もなく元気。

《向山》
看護婦さんは「教育できない」といったが、私は「教育」の「事実」を作り出しつつあった。何の動揺もなかった。

9／5（月）プールでぼくにむかってとび込んでくる。何度もやってくる。

9／12（月）運動会の組体操、とんぼがまるでできない。筋力不足。その後、どれだけ練習してもだめ。

9／25（月）とんぼ成功。（写真で後から見る）

9／30（金）〈うさぎとび〉ができないのを発見。立ったままの両足とびもできない。バランス感覚が訓練されていない。回転運動を中心とする。

10／7（金）腹筋の起き上がりが32回できる。年度はじめ筋力がないため一度もできなかった。準備体操に取り入れ毎日一回練習してきた。

10／14（金）クラブ、フルーツポンチをつくってきてくれる（○○先生には早くからなついていた）。

10／15（土）昨日の味を聞かれる。

10／17（月）日記提出。しつこく言ったため。

10／21（金）体育、うしろまわり合格（20位くらい）

10／24（月）朝礼の時の行進、リズムがあっている。

10／27（木）一ページの日記提出。

10／28（金）台上前まわり三段合格。

11／21（月）腹筋の起き上がり、70回をする。

《向山》
遊ぶようになり、体育も参加するようになり、筋肉もついていった。

《向山》
「行進のリズムが合う」というのは革命的な進歩だった。協応動作ができたのだ。

《向山》
台上前転もできたのである。

11／29（火） 四年女子（川上他）と馬とびの遊びを楽しそうにしている。

一学期、馬とびができなかった。一学期、人と遊べなかった。

感無量！

八　吉岡くんへの教育実践をふりかえる

1　緊張の日々をかえりみて

一学期の終わりに向山先生は吉岡くんについての実践の報告を職員会に出しました。その報告の終わりに次の文を載せています。

（『教師修業十年』六十九ページ）

緊張の日々をかえりみて

彼を受け持って二カ月、学級通信50号の中にぼくは次のような文を書いた。

「この二カ月有余、このクラスではたくさんの人間が変わった。よく耳にもする。〈子どもが変わりました〉と。

誰が一番かわり、誰が一番成長したのだろうか？　これだけは自信を持っ

《向山》

彼は、人として、子どもとしてよみがえった！

教育の力の何と偉大なことか。

て答えられる。

一番かわり成長したのはぼくだ。教師自身だ。教師としてのぼくがその持てる力量のすみずみまで、幹も枝も子枝も、そして葉っぱも葉っぱの先についたチリクズまで点検され問いつめられた事は今までになかった。ぼくは教師として更に成長した。

そうした場を与えてくれた吉岡を始めとする34名の子ども達に心から感謝をささげ50号の言とする。」

ぼくが問いつめられた点とは何であったのだろうか?

その第一は、威圧的な指導が全くとれないということであった。ぼくはそういう方法をかなりとっていたから、いかなる場合でも威圧的でない方法をとるという事は始めつらかった。説得的で、感動的で、論理的かつ倫理的でなければならなかった。しかし、ふりかえってみると良かったと思う。子どもは、小さな小さな声でも聞きわけてくれた。静かなクラスとなった。

もし、教師の権威というものがあるなら、それは外的なものではなく、内的なものであろうと思う。

問いつめられた第二は、一人ひとりを見るということである。見ているつもりが一人ひとりは見ていなかった。一人ひとりを見る力とは、限りなく深いものが

《向山》
私こそ、最も成長したのだ。
子どもの困難を越えさせようと努力する中でこそ、教師は成長するのである。

《向山》
権威は、声の大きさではない。腕力の強さではない。心の強さなのだ。精神の気高さなのだ。

ある気がする。その素質のかすかなのさえ、その心のひだにかくれているのさえ見てとれる迄の力が必要なのだと思った。

問いつめられた第三は、計画的に教育をしていくことについてであった。彼を軸とした教育は、一日、二日ではできない。思いつきでもできない。何本もの伏線が必要であり、いくつもの手だてが必要であった。計画的に手を打っていく、つみ重ねていく事が絶対に必要であった。

問いつめられた第四は、自分の心である。〈どの子も可能性がある〉と言ってきたことばを、自分は信じ続けられるかということであった。自分の教育の信念は、背骨は、どれだけ頑固かということであった。

あの日々、緊張の連続であった。夜、寝られなかったこともしばしばあった。教師生活十年にして初めてのことだった。

早や一学期がすぎさろうとしている。これを書いている今、吉岡が来て、「小諸なる古城のほとり」島崎藤村を三番まで暗記したといってきた。他の子もうれしそうであった。覚えるのに四ヵ月かかった。四ヵ月もかかったとは思わない。彼は、四ヵ月もかかることをやり通せるようになったのであった。かつて一文字の言葉を覚えるのさえ全く拒否した子である。

再び、新たな峰への、前進は始められた。

《向山》
一人ひとりを見ることができているか？
教師は毎日毎日自分に問わねばならない。

《向山》
問題解決学習、単元学習が駄目なのは、口では子どもを大切にするといいながら、一人ひとりの子が見えていないことだ。

《向山》
藤村の詩を三番まで暗唱したのである。
みんなと同じじゃないか。

向山先生はその年の十一月三十日の生活指導全体会への報告の中で次のような所感を述べています。

所感

◇　彼はかわったのだと思う。ずいぶんたくさんの親達や見知らぬ人々や子ども達や先生方にそう言われた。
〈近所の評判なんですよ〉〈小さい子をいじめなくなりました〉〈顔までかわったじゃない〉〈礼儀正しいんです〉そうした声を耳にした。

◇　何が原因でかわったのかはよく分からない。ぼくなりの考えはある程度ある。しかし、裏づけのあるものではない。しかも、かなりたくさんの人々の努力の蓄積であるように思う。
　ぼく達はこうした子どもの変化の事実を一つ一つ検討しつみ重ねることによって〈教育科学〉を豊かにしていく必要があるのだと思う。従って、ここには事実のみを報告する。ぼくの意見も所々にあるが、それは〈ぼくはこう考えた〉という歴史的事実に含まれるものだと思う。

◇　彼の今後の課題は大きい。筋肉をもっときたえること、指が使えるようになること、読み書き算をできるようにすること。今後の方がはるかに巨大な感じ

《向山》
「事実」こそが「事実へのこだわり」こそが、問題を解決していく出発点である。

がする。しかし、その巨大さは四月当初のような重苦しいものではない。むしろ明るいものである。

2　遠い目標なれど

向山先生の吉岡くんへの実践を紹介しました。

吉岡くんは常軌を逸したほどの乱暴さが目だつ子でした。

彼は軽度の知的障害でてんかんの病気も持っていました。向山先生も最初は「病気だから、教育は不可能ではないか」と心の片隅で思っていました。

向山先生は何人もの医者に尋ねて聞いてまわりました。どの医者も「病気が第一の原因ではない。教育可能だ」と答えました。

向山先生の「教育は不可能ではないか」という危惧は薄れましたが、どうしたらよいのかは全く分かりませんでした。その解決法を教えてくれるような本はなかったのです。

向山先生は自分で彼の荒れた心の原因を見きわめ、教育をしていくしかありませんでした。吉岡くんのことを考える時にその乱暴さにまず目がいきますが、向山先生がまず思い浮かべるのは「ぼく馬鹿だから死にたい」という彼の悲痛な言葉でした。絶

《向山》

一、筋肉をつけること
二、指を使えるようにすること
三、読み書き算ができるようにすること

今、読み返しても「これでよい」と思える骨太な方針だ。

望の叫びでした。

誰が絶望の淵まで彼を追いやったのでしょうか。

吉岡くんは発達に遅れがありました。いろいろなことが遅れていました。

吉岡くんは心の中でできるようになりたいと思っていました。しかし、できるようにはならない。

脳損傷の影響で落ち着いて課題に取り組むことも困難だったことでしょう。気が散りやすく集中力を持続させることが困難だったことでしょう。指先も不器用で作業をすることも困難だったことでしょう。

彼は学習することに大きな困難をかかえていました。

できるようになりたくてもできるようにならない。できないことを怒られる。逸脱行動を怒られる。傷ついた吉岡くんの心に塩をすりこむような対応を長年にわたってまわりの大人はしてきたのだと思います。

吉岡くんは怖がられ、やっかいものと思われてきました。彼に期待してくれる大人はいませんでした。

そんな吉岡くんの前に向山先生が現れました。

向山先生は今までの先生と違っていました。吉岡くんに期待をかけてくれました。絶望して鋼鉄の扉を閉じているのに、どこまでも執念で迫ってくる先生でした。

《向山》
教師こそが、一人ひとりの子どもの味方になれるのである。

彼は向山先生の期待に応えようと思いました。あきらめずに勉強ができるようになろうとしました。

彼は自分から「もっと勉強がしたい」と言って一番前の席にかわってきました。一ページの日記を書いてくるようになりました。島崎藤村の詩を四ヵ月かかって暗唱してくるまでになりました。

彼は劣等感に押しつぶされなくなりました。クラス全体が前向きに努力することを大事にするクラスだったので彼も前向きに努力ができるようになりました。

依然として遅れはあります。しかし、吉岡くんは自分自身とうまくつきあえるようになりました。また、まわりの人ともうまくつきあえるようになりました。四代目の一人として立派に卒業していきました。

やがて向山先生は卒業以来十年ぶりに吉岡くんに再会しました。直接会ったわけではありませんでした。向山先生はバスに乗っていました。

一九九一年の島根合宿で向山先生が次のように話してくださいました。

> 最近彼を見かけたんです。バスでその近くを通った時、彼がいたんです。二十何歳になりましょうか、立派な大人になっていました。

《向山》
少なくとも、教師は子どもの敵になってはならない。
どれだけ憎たらしいガキでもである。

彼は私を見つけて手を振るんです。バスを追いかけてくるんです。元気だな、立派になったんだなと思いました。

向山先生は遠くを見つめるように涙をこらえて更に話されました。

多くの本では教育不能と書かれていましたが、今お話したように、決して愛情だけでは彼の教育はできませんでした。思いつきやその場しのぎの方法では教育はできませんでした。

多くの人の力や知恵を借りながら、お医者さんにも話を聞きながら、教育の方向、教育の原点を定め、教育技術を使って計画的に行わなければ、今言った教育はできなかったと思います。

教育の技術、方法は一つの思想の表現であって、その内には子どもに対する思いを持っているんです。そういった思いを技術、方法に込め、やり方に固めてこそ、教師もプロなんだと思うわけなんです。

障害児教育においても向山先生はプロ教師でした。私は学校教師ではありませんが、向山先生の仕事を追いかけることは私の障害者福祉の仕事に夢を与えてくれます。遠

《向山》
バスの中の私と歩道を歩く吉岡くんと目が合った。彼は「あっ」という表情をした。彼は、どこまでもどこまでもバスを追いかけてきた。

い目標ですが私もプロの腕と魂を鍛えたいと思います。

《向山》
一人ひとりの教師や関係者の努力の総和こそが、新しい可能性を切り開いていく。

2章 『向山洋一は障害児教育にどう取り組んだか』をこう読む

【大場龍男】

一　吉岡くんはなぜ変わったか（1）
障害児の力はその子の力を認めてくれる教師の下で伸びる

人間の力は対人関係の中で発揮されます。特に障害児の力はその子の力を認めている人の前では最大限に発揮されますが、その子の力を認めていない人の前では発揮されません。

『向山洋一は障害児教育にどう取り組んだか』の中に乱暴で手のつけられなかった吉岡くんの話が出てきます。吉岡くんは向山先生に担任されると人が変わったように素直になり勉強をするようになります。

それはなぜでしょうか。吉岡くんの力を向山先生が認めていたからです。他の教師やまわりの人間は吉岡くんの力を認めていませんでした。「できない子」「乱暴な子」というまわりの見方が吉岡くんに劣等感を植え付けていました。

1　いかにして内面の力を認めていったか

向山先生はいかにして吉岡くんの内面の力を認めていったのでしょうか。最初は何をしていいのか、何ができるのか分からない段階でした。そこで向山先生は記録、母との面談、本、専門の医者などに当たって彼の情報を集めます。そして彼の評価と教育方針をたてます。

彼の評価にあたって向山先生がこだわったのが「ぼく馬鹿だから死にたい」という彼の言葉でした。ある人の内面を知るときに何かのきっかけでその人の内面をかいま見る時があります。それは一つの動作だったり一言のつぶやきだったりします。

吉岡くんの場合は「ぼく馬鹿だから死にたい」というつぶやきでした。このつぶやきに反応するかどうかが分かれ道でした。障害児教育は鈍感な教師にはできないのです。

向山先生はこの言葉を医者に伝えます。医者は「病識がある、会話が可能、よって教育が可能」と評価します。また、医者は「彼の暴力は病気を主因とする一次障害ではなく二次障害である」と評価します。

こうした作業を経て向山先生は吉岡くんの内面に迫っていきました。軽度の知的障害は幼い頃から変わりません。変わってきたのは吉岡くんの自己評価です。失敗を重ねるうちに彼は「どうせぼくはダメなんだ」と思いこむようになりました。

でも、彼は心の中で勉強ができるようになりたい、友だちと仲良くしたいと思っていました。それなのにできるようにならない、みんなから嫌われる、だからこそ苦しくて悲しくて狂おしいほど彼は暴れる。このように向山先生は吉岡くんの内面をとらえました。このように彼の内面をとらえた教師はいなかったのです。

> 吉岡の暴力は自己主張のあらわれであり、生命あるものが生き続けている叫びである。吉岡の叫びと痛みを己のものに（前掲書、二六ページ）

2　問題は教師の見方の変化だった

吉岡くんの内面の力とは勉強ができるようになりたい、友だちと仲良くなりたいという渇望でした。彼が本来持っている素直な伸びたい気持ちでした。あの嵐のように熱く長く続く拍手の場面で向山先生が賭けたのは吉岡くんの素直な伸びたい気持ちでした。

「君はこのクラスの一員だろう。それならば読みなさい。それとも君は、自分一人だけが特別にあつかわれたいのか？　みそっかすになっていいのか」
「先生は君の言うことを九九％認めてきた。しかし、どうしても許せない事もある。ここは教室であり、君達がかしこくなる場所だ」（前掲書、六二ページ）

吉岡くんの中で闘っていたのは伸びたい気持ちと「どうせダメだ」「信じられる奴はいない」という気持ちでした。吉岡くんはその闘いに勝ったのです。彼のやわらかい素直な心がいじけたり絶望したりせずに前向きに努力を重ねるように変わっていきました。

嵐のように熱く長く続く拍手の場面は緊張感がいっぱいの感動的な場面ですが、私はむしろこの劇的な場面を準備した春休みの向山先生の吉岡くんに関する評価と教育方針づくりの過程に心惹かれます。

障害児はその子に対する教師の見方が変化する時に大きく成長します。その子の力に依拠して適切な教育的な手だてを打っていくからこそ伸びるのです。問題はその子ではなく教師の側にあるといえます。

ごまかしの全く通用しない障害児に、ごまかしのない教育を持続させることができるのか？　自分自身のうそ、弱さ、ごまかし、甘さを射続けることができるのか？　己をターゲットとせよ！　己のスナイパーとなれ！

向山先生が吉岡くんへの教育実践で示したものは、実際に行うにはあまりにも重く厳しい教師自身へのメッセージです。

3　極端に違う障害児の評価

吉岡くんが変わったのは担任の向山先生が彼の力を認めたからでした。しかし、実際に担任してみると障害児の力を認めることは簡単なことではありません。その子にどんな力があるのか見えにくいことが多いからです。

障害児を新しく担任することになった教師は前の担任にその子の様子を聞きます。その時に注意しなければならないことは、前の担任が語るその子の様子はその担任の見方が色濃く反映しているということです。

ある養護学校の先生が新しく担任する子について前の担任から「この子は人から言われていることが分かりません」と引継ぎを受けました。ところがその子の母親は「うちの子は野菊の墓を読み聞かせるとかわいそうだと言って泣くんですよ」と言いました。

どうして同じ子なのにこれほどその子の見方が違うのでしょうか。その先生はその子を担任する中でどうやらお母さんの言っていたことの方が正しいと思えるようになりました。

その子は前の担任の前では「人から言われていることが分からない」子のようにふるまっていたのです。なぜなら前の担任がその子を「人から言われていることが分からない」子と見ていたからです。前の担任は自分の見方に基づいてその子に働きかけをしていました。だからその子はその担任の見方に応じた扱いをされていたのです。一方その子はお母さんの前ではお母さんと心のやりとりをしていました。お母さんは自分の見方に基づいてその子に野菊の墓の本を読んでやっていました。その子は「かわいそうだ」と泣きました。

このように障害児はまわりの人の見方に応じて処遇されます。何もできない人と見られればそのように処遇されます。危険な人と見られればそのように処遇されます。力を持っている人と見られればそのように処遇されます。

このように障害児の力はその子の力を認めている人の前では最大限に発揮されますが、その子の力を認めていない人の前では発揮されないのです。

4　母の言うことが正しかった

私も障害を持つ若者の力を再認識させられた体験をしました。久保くんは養護学校の一二年間学校ではほとんどしゃべりませんでした。でも彼のお母さんは家では普通にしゃべると言いました。お母さんは私の勧めるセンターで訓練して人前でしゃべるようにしてほしいと思っていました。

久保くんは脳性マヒの障害を持っています。歩くことができないので電動車いすに乗っています。ヨダレを流しています。トイレも介助です。私は久保くんに訓練して何ができるようになるだろうかと思いました。あまり多くのことは期待できないだろうと思いました。しゃべるようになるとも思えませんでした。お母さんはひいき目に見ているので彼が普通にしゃべると言っているのだろうと思っていました。お母さんは本人がしゃべってなくても以心伝心で彼の言いたいことが分かっているのではなかろうか。

養護学校に問い合わせてみましたが、学校でも彼がしゃべったところは見たことがないという返事でした。

私たちは彼とコミュニケーションをとろうとしました。「トイレに行きますか」と尋ねると彼はかすかに頷いて意思を表します。誕生月を尋ねると時間をかけて文字盤の文字を指さします。やはり言葉は発しません。

私は言語療法士にも相談しました。「脳性マヒの人はしゃべれというプレッシャーをかけると、ますますしゃべれなくなる」とのアドバイスをもらいました。そこで私たちはお母さんに提案しました。

「学校で一二年間ずっとしゃべらなかったのだから私たちのセンターで急にしゃべるようになるとは考えにくい。彼がしゃべらなくても電車に乗れるような工夫をして外出できるようにしましょう。」

お母さんも同意してくれたので私たちは彼の電動車いすに「○○駅に行きます、キップを買ってください」というカードを付けて外出の練習をしていきました。やがて久保君は緊張しながらも一人で地下鉄に乗れるようになっていきました。一人で地下鉄に乗れるようになった久保くんが日記に「ぼくはもうかんぺきだ」と書きました。私は久保くんが自分を誇らしく感じていることを知りました。私も彼のことをやる気のある若者だという手応えを感じ始めました。

私は久保くんにファーストフード店に一人で行くことやJRに乗って作業所に行くこともやってもらうようにしました。久保くんに会った頃の「何ができるようになるだろうか」という印象は完全に変わっていました。久保くんは力を持っていると思うように私は変わっていました。

そして彼と外出してレストランに入って楽しく過ごした時に思ってもみないことが起こりました。トイレの介助をしている時に「クッションを忘れないようにしようね」と私が言うと彼が「うん」と返事をしたのです。私はびっくりして彼に「今、うんって言ったでしょう」と聞き返しました。

後でお母さんに聞いたら、「つい返事をしちゃった」と彼が苦笑いしていたそうです。

それは私には驚きでした。「ひょっとして久保くんは家で本当にしゃべっているのかもしれない」と私は思うようになりました。

ある夜、お母さんに電話した時に、お母さんが声をひそめて「今、お父さんとしゃべっている」と言って彼の声をそっと聞かせてくれました。「きょうはねえ、…」という彼の声がはっきりと受話器ごしに聞こえました。彼はすぐに気づいてそれ以上は声を聞かせてくれませんでした。彼は確かに家族と話していました。お母さんが言っていたことは本当でした。お母さんも電車に一人で乗れるようになった彼の変化を喜んでくれました。「ねえ、ねえ、みんな見て、うちの子、一人で電車に乗れるのよって自慢したい気持ち！」と笑って言いました。

その後、久保くんはセンターから一人で家に帰ると携帯電話でセンターに「着いた」と連絡をくれるようになりました。またセンターを退所した後に買ったパソコンでメールをセンターにくれるようになりました。この久保くんと出会うことによって私は障害児の力を認めることの大切さを教えられました。障害児の力を認めていくには次のようないくつかの段階を経ていきます。

◆障害児の力を認めていく段階

1　障害児の内面の力を認めていない段階
何をしていいのか、何ができるのか分からない段階。
↓初期評価によって一応の教育目標とプログラムをたてる。

2　ひょっとして力があるのかもしれないと半信半疑の段階
何かのきっかけで彼の内面をかいま見る。彼の内面の力に気づき始めている。
しかし、まだよくは分からないため、できそうな仮定のもとで手だてを打つ。

3　手だてが当たり、彼の力が証明され始める段階
教師の見方が徐々に変わり始める。

4　歯車がかみ合い順調に成長を開始する段階
かなり彼の力を確信し始め、その教師の見方の変化が彼に影響し、彼も教師を信頼し始め、歯車があいはじめて本当の彼の成長が始まる段階へ。

二　吉岡くんはなぜ変わったか（2）

自立には大きな受容が必要だ

障害の軽い子どもほど自立をめざして親や教師は一生懸命教育しようとします。普通学校に通わせ就職を目標に頑張らせようとします。そういう「がんばれ、がんばれ」の努力の中でボロボロになって疲れてしまう障害の軽い子がいます。今までできていたことをしなくなり赤ちゃんがえりのようにハイハイをしたり、急に暴れるようになったりします。体は18、19歳なのに2、3歳の状態にもどったようになります。

なぜこのような状態になるのか。こういった子は小さい時から無条件で受容されることが少なかったのだろうと思います。人は「がんばれ、がんばれ」だけでは生きていけないのです。「そのままでいい」と愛しく受け入れてもらえることが必要なのです。いくつになってもよしよしを誰かにしてもらいたいのです。

1　吉岡くんと受容

『向山洋一は障害児教育にどう取り組んだか』の中に次のような記述が何度も出てきます。


「休み時間になるといつもぼくのそばにくる。」

「朝礼前に教員室前でうろつく。いつもいる。〝坊やがきたわよ〟と先生方に言われる。」

「そばに来てよく話をする。」

「休み時間に吉岡が職員室前をふらつく。そばに来て話をしたい様子。『吉岡のこと好きだよ』というと『ぼくも』と彼。」

「本を持ってきて（鉄道の本）しきりにぼくに見せる。」

吉岡くんは向山先生にべったりくっついています。甘えさせてもらっています。たっぷり甘えた後でないと人は自立していけないのです。この向山先生の記録と前の担任の記録とを比べてみてください。「母親を呼び出し注意」「先生に注意される」等の問題行動のオンパレードです。吉岡くんは前の担任に甘えさせてもらえなかったのだと思います。憩える場面がなかったのだと思えます。

2　テッチャと私

私が学んだ小学校には特殊学級がありませんでした。知的障害がある子どもたちもいっしょのクラスにいて遊んでいました。私も普通の子どもで「あんた、いくら」と聞くと「10円」と答える知的障害の子どもをからかって喜んでいました。その会話はあいさつみたいなもので、障害のある子をしつこくいじめるような子どもはいませんでした。私のまわりには知的障害の子どもが何人かいて、いまも私の中に強い印象で残っています。

私の町にセミとりが好きなテッチャという知的障害の若者がいました。テッチャは私より8歳くらい年上でした。私とテッチャは顔見知りで、私はテッチャの家に行って金網で作られたたくさんの巣箱の中にぎっしりひしめくセミを見せてもらったりしました。私が小学校6年生頃、放課後の小学校にテッチャが遊びに来て、校庭にいた子どもたちがテッチャをからかってテッチャが怒って子どもたちを追いかけました。私も逃げたのですがテッチャが私の耳元で「お前は逃げなくてもいい」とささやきました。私は子ども心に「テッチャは分かっているんだ。分かった上でばかにされたりこわがられたりする関係を楽しんでいるんだ」と思いました。

そんなテッチャと私は約6年後に再会しました。私が高校3年生の時に町の教会に通い始めたらテッチャがその教会にいたのです。それからテッチャは毎週日曜日に私を迎えにくるようになりいっしょに教会に通いました。「来週も行く、来週も行く?」とテッチャに何回も聞かれました。私が大学にいって町を離れている間にテッチャは家庭内暴力がひどくなって遠くの施設に入ったと聞きました。その後私は一度もテッチャに会っていません。

テッチャも孤独だったのです。ばかにされたりこわがられる関係ではなくて普通の友人関係が欲しかったのです。

3　吉岡くんの孤独

吉岡くんもテッチャのように孤独だったと思います。上級生にからかわれて怒って石を投げたり、同級生の女の子の髪の毛をひっぱったりとけんかやトラブルの連続でした。吉岡くんにも普通の友人関係がなかったのです。対人関係はトラブルばかりでした。

吉岡くんは向山先生のクラスで友だちと仲良くなります。ふざけて友だちの首に腕をまわします。でも吉岡くんは相手が苦しがるほど腕に力をいれてしまいます。向山先生はそんな吉岡くんの孤独に涙します。

> 「しかし、彼には分からなかったのだ。彼には、大切な成長の時期に、そうしてふざけることがなかったからである。友人に腕をかけるという何気ない動作さえ、どのようにしたらいいのか彼は分からなかったのだ。彼が『死にたい』と昔ぼくに言った言葉の、その奥の奥にある測りしれない孤独な姿をそこに見てぼくは泣けた。」(前掲書、五一～五二ページ)

孤独感をいやしてくれるのは、そばにいてくれることだけでいいのです。「そのままでいい」と愛しく受け入れてもらえることだけでいいのです。

「この子といるだけで幸せを感じる」瞬間が大切です。教育とか訓練とは関係なく一緒にいるだけで憩える瞬間が大切です。そんなふうに親や教師と子どもが感じられる関係ができてこそ、きびしい叱咤、激励も通じるのです。

「先生は君の言うことを九九％認めてきた。しかし、どうしても許せない事もある。ここは教室であり、君達がかしこくなる場所だ」（前掲書、六二ページ）

吉岡くんは向山先生の胸にとびこんできました。そして人と遊べるようになりました。ばかにされたりこわがられたりせず普通の関係の中で孤独感がいやされるようになっていきました。

「11／29（火）四年女子（川上他）と馬とびの遊びを楽しそうにしている。一学期、馬とびができなかった。一学期、人と遊べなかった、／感無量！」（前掲書、八一ページ）

いくつになっても人は淋しかったら根性がひねくれてしまいます。いくつになっても人には温かさが必要です。人は大きな受容があってこそ自立に向かって努力を続けていけるのです。

三　吉岡くんはなぜ変わったか（3）
愛情だけでは子どもは伸びない、教育技術が必要である

愛と熱意だけでは障害児を成長させることはできません。できないことの原因を見極め、その障害の特性に応じた指導法を用いなければ障害児の力は伸ばせません。

1　障害児教育の原理と向山実践の共通性

『向山洋一は障害児教育にどう取り組んだか』の第二章「新卒一年目の障害児教育」の中にN子のことが出てきます。N子は走り幅跳びができませんでした。「助走をしてふみ切りになると両足をそろえて一呼吸おき、それから跳ぶのである。何度教えても、片足で跳ぶことができなかった。」「私はこの時、知恵遅れの子は協応動作ができないことを理解していなかった。しかし、私は事実を記録していた。後に、『跳び箱指導』のときにこの時の実践があざやかによみがえってきた。」（前掲書、九八ページ）と向山先生は書いています。向山先生は新卒1年目の時から障害児ができないことの原因を見極め、その障害の特性に応じた指導法を追求していたことに驚かされます。向山先生は教師生活を通じてずっとできない子をできるようにする指導法を追求していたのだとあらためて思いました。そして向山先生が吉岡くんと出会った時にはすでに向山型跳び箱指導法を完成させていて、吉岡くんを数分で跳ばせたのでした。

教科の授業についても向山先生は「障害児の能力にあっていて、かつ奥行きのある授業」を行っています。向山先生は最初の3日間の授業で次のような課題を出しています。

・「ゼロは何を意味するか」

・「山川」と黒板に書き、「何と読むか」と問う
・自分の名前を3回書いて持ってこさせる
・4×0、4+2、4m+2、4÷2、4m÷2、4÷2m、4m÷2m、4×2、4m×2、4×2m、4m×2mの計算をさせる
・二進法、三進法

これらの課題について向山先生は次のように解説しています。

・シンプルにして、あれこれと考えが出ること。このような「問い」を教師はいっぱい持つべきだ。「問い」を授業に組み立てていく技能を持つべきだ。（四〇ページ）
・シンプルで簡単で吉岡でもできて、そして、奥行きのある授業を一つ一つと重ねていくこと――それが大切なのだ。（四三ページ）
・やさしい問題をシンプルにしてテンポよく続けること。（四四ページ）

メアリー・ファウラー著『手のつけられない子　それはADHDのせいだった』（扶桑社、一九九九年）を読んでいて私はあることを発見しました。

それはADHDの子の指導法と向山型算数には共通点があるということです。ファウラーはADHDの子を担任する教師に次のような提言をしています。

すなわちADHDの子は整理整頓ができないのでノート指導をする時には、日付けや小見出しを書くこと、行間のあけ方、余白のとり方を教えて下さい。また注意の集中ができないので課題は細分化して一時に一つ

を与え、答えあわせは全部終わってからではなくて即時にやって下さい、と。

ファウラーの提言は向山型算数が行っていることです。向山型算数にはもう一つ障害児教育との共通点があります。それは障害児教育の重要な原理である「見えないものを見えるようにする」原理を使っていることです。障害児は抽象的思考が苦手です。例えば障害児は時間、活動の終わりが理解しにくいので、カードとか実物を使って終わりを知らせるようにします。「見えないものを見えるようにする」と障害児は理解する力が伸びます。向山型算数で「見えないものを見えるようにする」原理を使っているのは、補助計算を書かせることです。頭の中で行う計算をノートの上で見えるようにしています。このように向山型算数には障害児教育の指導法と同じ原理が使われています。向山先生の実践は障害児教育と深い所でつながっています。

2　刺激の統制　アメリカ心理学に学ぶ

『向山洋一は障害児教育にどう取り組んだか』の中に次の記述があります。

> 6／2（木）本人いわく「もっと勉強したいから」前の席（最前列）へ移る。／（今までは刺激が少ない場所がいいというアメリカ心理学の本を信用して廊下側うしろから二番目だった）（七九ページ）

アメリカ心理学とは具体的に何の本かは分かりません。しかし類推することは可能です。

シュトラウスとレーチネンは『脳障害と精神病理と教育』（福村出版、一九七九年初版、原著の出版は一九四七年）の中で脳障害児の特性と教育方法を次のように語っています。

「脳障害児とは出生前、出生時あるいは出生後に、脳に損傷を受けたり、伝染病に冒されたりした子どもである」（一〇ページ）。「脳障害児は環境刺激にたいして異常に、つまり非選択的・受動的・無意図的に反応」し、「注意や活動が極端に移りやすく、ほかの人のすることやふつうには少しも目立たないような背景の刺激にわけもなく気をとられ、興味は一定せずによく変り、我慢して長い努力するということがない、そのような姿を示すのである」。「脳障害児の場合、抑制欠如とか多動性とか被転導性は刺激にたいする過剰反応のあらわれとみるべきである」（一六九〜一七〇ページ）。

「脳障害児の教育問題や情緒問題の大部分がこの子どもたちの器質性の易興奮性や被転導性によって生じたものであることは、今さら改めて指摘するまでもないことである。一次性の行動障害が集団への適応と学習を阻害し、たび重なる失敗経験と学校・家庭からの容赦のないいろいろな要求が、結局、再適応をいっそうむずかしくする二次性の情緒問題をひきおこしているのである」（一七一ページ）。「器質性」というのは脳に原因があるという意味です。「易興奮性」というのは興奮しやすいという意味です。被転導性というのは注意が他に移りやすいという意味です。

ここで言われている「一次性」「二次性」という問題のたてかたを読んでどこかで聞いたことがあると思われる読者も多いでしょう。『向山洋一は障害児教育にどう取り組んだか』の中で向山先生は吉岡くんの問題を何人もの医者に相談しました。どの医者も共通して次のように語っていました。

> 「それは病気を原因とした第一次障害ではありません。第二次障害です。」（二〇ページ）
> 「では、軽度の知的障害と（交通事故による　引用者）脳障害がこの子の起こす問題行動の原因だろうか。医者の助言を参考にして向山先生は、これら二つの要因は問題行動の起因ではあるが主因ではないと考えました。（中略）家庭や学校の中で植えつけられた劣等感がこの子の起こす問題の主因であると

考えました。」（二一一ページ）

シュトラウスという人は教育が困難と思われていた脳障害児の教育は可能であると主張した最初の人でした。その問題のたてかたがシュトラウスと向山先生と共通していることがおもしろいと思います。シュトラウスの教育方法を次に見ていきます。

「それでは、脳障害児がその注意の動揺と運動の衝動を抑制できるように援助するには、どんな方法が開発されうるのだろうか。器質的損傷は医学的に治療することはできないから、われわれの努力は二つの方向にむけられることになる。すなわち、外部からの、刺激過剰の環境を操作し、調整することと、子どもを自発的に抑制するように教育することである。」（前掲書、一七二ページ）

ここでシュトラウスの言う環境の調整が向山先生の「刺激の少ないところがいいというアメリカ心理学の本」の内容と類推されます。シュトラウスの環境の調整の内容は、外からの刺激を減らすために窓の下側に紙をはる、子どもの机を集団から離して壁に向かって座らせる、壁の掲示物を最小限に減らす等です。（前掲書、一七二ページ）

シュトラウスの弟子のクリュックシャンクは『学習障害児の心理と教育』（誠信書房、一九八〇年）の中で教室の中についたてで仕切られた個別学習室を設けることを勧めている。

このような学習環境の統制の考え方は自閉症児の教育にも取り入れられていてショプラーらのＴＥＡＣＣＨ（ティーチ）プログラムの特色の一つとなっています。

四　吉岡くんはなぜ変わったか（４）
差別の構造を破壊せよ

向山先生の実践には差別と闘うという一本の筋がはっきりと通っています。教師にできることは学校の中にある差別構造を破壊し、自由に子どもたちが成長していけるよう環境を整えることです。差別は障害を持つ子が成長する機会を奪います。障害を持つ子を成長させるためには成長の機会を奪う差別と闘わなければなりません。

１　水泳全員リレーと吉岡くん

吉岡くんが水泳の全員リレーに参加しました。

> プールの納め会で全員リレーがあった。５・６年の同じクラス同士が同一チームをつくるのである。1組は男女とも優勝した。吉岡が心をひらいた。彼は1学期水に入るのさえこわがっていたのだ。それが練習の時、逆とびこみでためらいもなくとび込むようになった。少ししか泳げないから、ぼくはプールに入って待ってやる。彼は「もう一回、もう一回」ととびこんでくるのだった。命を預けにダイビングしてくるみたいであった。リレーの時、彼は何度も何度も立った。他のチームに大きく離された。それでも必死にゴールめざして水に身体をなげこむのだった。一つのことに打ち込んでいく男の風格さえ感じた。クラスのみんなも必死に応援した。50m近く差をつけられたことなど誰も口にしなかった。何度もつっかえる彼に心から励ましを送ったのだった。その後、我がクラスのたくましい男の子達は必死で追いあげ、追いあげ、追いつき、そしてぬきさったのだった。（「スナイパー№86」『飛翔期向山洋一

実物資料集第13巻』明治図書）

一部の選ばれた子だけが参加する水泳記録会に向山先生は反対でした。

「算数におきかえるとよくわかる。算数の一定水準以上の子だけを集めて算数競技会をしたら、それはすごい差別に決まっている。クラブや同好会ではなく学校としてやったからである。」（『スナイパーNo.86』）

向山先生の学校では出られない子のために学内でも同じ競技をし賞状も教育委員会に言って全員分をもらいました。向山先生の学校では運動会での選手による紅白リレーも廃止し、全員による学級対抗リレーを行うことにしました。差別のシステムを破壊すると子どもたちが変化します。

学級対抗リレーはバトンタッチの優劣によって勝負が決まる。休み時間でも子どもたちは熱心に練習して、当日は実にすばらしい流れるようなバトンタッチを見せた。どの子も、胸にゼッケンをつけてうれしそうであった。今まで徒競走でいつもビリで、運動会をいやがっていた子も大喜びでリレーの練習にはげんでいるという母親からの手紙も何通かもらった。（『教師修業十年』明治図書、九一〜九四ページ）

2　障害児と全員リレー

神奈川県のある小学校の運動会ではクラス対抗で全員リレーを行っていました。この小学校の特殊学級の子たちは全員リレーでは母学級のメンバーの一員として走るのでした。

この学校の全員リレーの特徴は走る子によって距離が違うというスウェーデンリレー方式をとっていることでした。走る距離は4つの種類に分かれていました。1周、4分の3周、半周、4分の1周と分かれていました。

クラス毎に作戦をねって誰をどの距離で走らせるかを決めるのでした。特殊学級の子どもたちはたいてい4分の1周を走るのでした。

その小学校に新しい校長先生がやって来ました。新しい校長はこの学校のスウェーデンリレーを平等に反すると考えました。走る距離に差をつけずに全員が半周を走る方がよいと主張し議論になりました。

読者は従来のやりかたに賛成ですか、新しい校長の方針に賛成ですか。

私は基本的にはスウェーデンリレーよりも全員が同じ距離を走るリレーに賛成です。教育の場なのですから全員が等しく競技に参加できる方式を採るべきです。「完全参加と平等」が基本です。

全員参加のリレーで問題となるのは障害児の参加の仕方です。この学校でも障害児学級の先生は運動場半周を障害児に走らせることは難しく、他の子との差も大きくできてしまうという理由で校長の方針に反対しました。

その子の健康面を配慮して走る距離を短くすることが妥当な場合もあるでしょう。しかし、障害を持つ子が一生懸命走っても他の子との距離が開いてしまうことはしかたのないことです。走るのが早い子もいれば遅い子もいます。障害を持つ子もいます。それが当たり前の世界です。

障害を持つ子が同じ距離を走りたいと思うならどんなに差が開いてもかまわないのです。障害を持つ子にとってはみんなと同じように精一杯やったという充実感が得られることが一番大事です。同じクラスの子の中には彼を応援し、彼が遅れた分まで取り戻そうと余計に頑張る子も出てくるでしょう。

障害を持った子の中には走る方向が分からない子もいます。注意を持続できない子もいます。その場合には、その子の前で先導したり、リングを一緒に持って走ったり、後ろから励ましたりとクラスで工夫すればよいでしょう。

障害を持つ子自身の参加の意志と保護者の意志を確認し、完全参加と平等という基本を押さえた上で障害を持つ子の状況に応じた参加の仕方に知恵をしぼることが大切です。

3　乙武くんの運動会

『五体不満足』（講談社）の乙武洋匡《おとたけひろただ》さんの運動会はどうだったでしょうか。

乙武くんは普通の小学校に通っていました。乙武くんは小学校4年生までは徒競走は見学していました。みんながしていることをできないことが一番イヤだった乙武くんにとって運動会はあまり好きではありませんでした。

「みんなが競技している時に、ポツンと自分ひとりだけが座席で応援しているのは、たまらなく苦痛だった」といいます。

5年生になった時に担任の岡先生が乙武くんに徒競走に出ることをすすめました。百メートルを走りきるのに乙武くんは2分以上かかってしまいます。他の子たちは20秒程度です。そこで岡先生は乙武くんだけ途中からスタートして50メートルを走ることを提案しました。乙武くんは徒競走に出ることを決意しました。

岡先生は学校内で乙武くんの徒競走参加について闘ってくれたに違いありません。そんな提案をしてくれた岡先生について乙武さんは書いています。


ボクは、岡先生の勇気に敬服する。今まで、ボクが徒競走に参加できなかった理由のひとつに、次のようなものがあった。

ボクがお尻を引きずるようにして走っているのを見た観客のなかから、

「どうして、ああいう子をみんなが見ている前で走らせるのだろうか。かわいそうに。学校は無神経だ」という声が上がらない保証はない、というものだ。

ボク自身は、そのような考えこそが差別だと感じるが、障害者を見て「かわいそう」と思ってしまう日本では、仕方がないことかもしれない。しかし、岡先生はそのような意見に対して、毅然とした態度で立ち向かってくれた。

「大切なのは、観客の気持ちではない」（前掲書、七〇～七一ページ）

かわいそうだから人前で走らせないようにしようという考えが差別だと乙武さんは書いています。大切なのは観客の気持ちではなくみんなと同じように走りたいという乙武くんの気持ちでした。

担任の岡先生は乙武くんが参加できる方法を提案しました。差別の構造を破壊し誰でも参加できるようにすると子どもたちは変化します。乙武くんもやる気満々になります。


スポーツ漫画の読みすぎだろうか。すぐにボクは、「朝練だ！」と思い立った。今まで、50ｍという長い距離を走ったことはない。そこで、ボクは早朝マラソンをしてスタミナをつければ、本番でもバテることなく、50ｍを走りきることが出来るのではないかと考えたのだ。（前掲書、七四ページ）

乙武くんは運動会の2～3週間前から毎朝6時半に友だちのミノルくんと走る練習をしました。雨の日以外は毎日練習を続けました。そしてとうとう「運動会デビュー」の日がやってきました。

そして、出番。50ｍ地点にラインが引かれ、周囲が「あれ？」というような顔をする。そこへ、ひょこひょことボクが登場。観客が一気にどよめく。なんだか、スターになった気分だ。
ピストルの音とともに、いっせいにスタート。ボクも、50ｍ地点から号砲を聞いて走り出した。しかし、瞬く間にその差をつめられ、コーナーを曲がったところで、一気に全員に抜き去られる。先ほども書いたが、１００ｍならば、遅い子でも20秒もかからない。つまり、スタート20秒後からボクがゴールするまでは、広い運動場にボクひとり。独壇場となる。「ガンバレ！」。拍手とともに声援が聞こえてきた。拍手の音も、次第に大きくなってくる。なんだか照れくさかったが、やはりうれしいものだ。（中略）
みんなよりも20秒以上も遅れてのゴール。しかし、ボクは走り切ったという充実感でいっぱいだった。
（前掲書、七五～七六ページ）

乙武くんは運動会の徒競走に参加できたからこそ朝練習にも取り組み、走り切ったという充実感を味わうことができました。徒競走に参加できなかったら「みんなが競技している時に、ポツンと自分ひとりだけが座席で応援しているのは、たまらなく苦痛だった」という気分を今年も味わうことになっていたはずです。どちらが教育的に意味があるかは明らかです。障害を持った子を運動会に参加させることが基本です。どう参加させるかは一人一人の障害や体力に応じて配慮すればよいことです。

4　勝敗がつく競技には障害児を参加させない小学校

徳田茂『知行とともに　ダウン症児の父親の記』（川島書店、一九九四年）に石川県松任小学校の運動会の話が出てきます。ダウン症の知行くんは松任小学校の2年生で養護学級に通っていました。

> つい最近、松任小学校で運動会があった。昨年は養護学級の子どもたちは普通学級の子どもたちに混じって練習し、本番では全種目に出た。それで今年もそうだろうとおもっていたところが、違っていた。練習を一緒にしていたのは昨年と同じだったが、今年は全種目に出ることができなかった。養護学級の子らが参加できなかったのは、「大玉ころがし」である。理由は、勝ち負けのはっきりする競技の場合、下手をすると負けた責任を養護学級の子らになすりつけられる恐れがあるから、というものであった。これは養護学級の子どもたちの問題ではなく、普通学級における教育の質の問題である。（前掲書、一六三ページ）

ここでも一見障害を持つ子に配慮するかのような意見が障害を持つ子の参加を奪う理由として出てきています。「下手をすると負けた責任を養護学級の子らになすりつけられる恐れがあるから大玉ころがしに養護学級の子らを出さないことにしよう」という意見です。

どうして逆の発想が出来ないのでしょうか。チームが負けたら一番能力の弱い子のせいにする子たちを大玉ころがしに出さなくさせることだって選択肢としてあるはずです。結局この学校の教師集団は障害を持つ子の側ではなく普通学級の子の側に立っているのです。人の世に能力差があるのが当たり前です。人間は弱い者も強い者もカバーしあって生きていくものです。カバーしあっていくことを教えるのが学校です。ところがこの学校の教師集団は強い者が弱い者をいじめたり不当に扱うことに立ち向かおうとせず、障害を持つ子を参加させないことによって丸くおさめようとしたのです。知行くんのお父さんは、「これは養護学級の子どもたちの問題ではなく、普通学級における教育の質の問題である」と書いていますがまったく同感です。知行くんのお父さんは学校にかけあいました。

> これは黙って引き下がるわけには行かない。本番で「大玉ころがし」に出られないことを知ってすぐに、私は先生たちに再考を求め、一方でいろいろな方法を提案したりしたのだが、残念ながら先生たちに考えを変えてもらうまでには至らなかった。(中略)
>
> 松任小学校の運動会の数日前、私の勤める「ひまわり教室」の運動会があり、その時の「大玉ころがし」に出た知行は、まわりの人たちも感心するくらい上手に大玉をころがし、しかもとてもうれしそうにやっていた。松任小学校の今年の運動会は、少なくとも、この一つの大切な笑顔を奪ったのだ。私も同罪である。知行につくづくすまないと思う(注・その後知行が四年生の時になって、どの子も全種目に参加できた。また、親が遠足につかなくてもよくなった。松任小学校全体が変化したのである)。(前掲書、一六三〜一六四ページ)

学校全体として完全参加と平等の精神で障害を持つ子の教育参加を保障していくことの大切さを大玉ころがしの事例は教えています。まず学校の取り組みの基本に完全参加と平等がなければ、知行くんのお父さんのように障害を持つ子の参加できる方法をいろいろ提案しても聞く耳を持たないのです。知行くんがどんなに大玉を上手にころがせても駄目なのです。知行くんは「養護学級の子ら」とひとくくりにされているグループなのです。このグループは勝ち負けのはっきりする競争に「普通学級の子ら」のグループといっしょに参加すると負けた責任をとらされる危険性があるから参加させないと決められていたからです。この基本方針の下では「養護学級の子ら」の中の大玉ころがしのうまいへたは関係ないのです。基本方針そのものが「養護学級の子ら」を差別し排除するものだからです。

この小学校が2年後にこの方針を転換させ全種目参加に変わったのは喜ばしいことですが、障害を持つ子の父を怒らせ嘆かせ歯ぎしりさせなければ変わっていかないことにやりきれないものを感じます。

この父親の次の言葉に私は自分の仕事を通じて答えていきたい。

> この1年半の間に、大小さまざまな差別的な言動にぶつかってきた。「障害」児の親として生きていくということは、実は差別とぶつかり、その一つひとつと向き合い、乗り越える努力をしていくことに他ならない。それを抜きにして、「文字だ」「数だ」「言葉だ」といって子どもを伸ばそうとするのは、どこか間違っている。（前掲書、一六四ページ）

「障害」児の教師として生きていくということは、実は差別とぶつかり、その一つひとつと向き合い、乗り越える努力をしていくことに他ならない。それを抜きにして、「文字だ」「数だ」「言葉だ」といって子どもを伸ばそうとするのは、どこか間違っていると言えるのだろうか。

五　吉岡くんはなぜ変わったか（5）
努力の継続と丁寧な作業態度を育てる

1　吉岡くんのその後

「嵐のように熱く長く続く拍手」の場面は五月後半の出来事です。今回は六月以降の吉岡くんの姿から遅れがちな子に対する向山実践を紹介したい。一学期の終わりに向山先生は吉岡くんの現状を次のように書いています。

> これを書いている今、吉岡が来て、「小諸なる古城のほとり」島崎藤村を三番まで暗記したといってきた。（中略）覚えるのに四カ月かかった。（中略）彼は、四カ月もかかることをやり通せるようになったのであった。（前掲書、八三〜八四ページ）

吉岡くんが努力を継続していることに向山先生は深く感慨を抱いています。ここには向山先生の子どもの能力観が現れています。この能力観が全ての向山実践を貫いていると言えます。

2　向山洋一の能力観

子どもには先天的な能力差がある。知能テストで測られる能力の高い子もいれば低い子もいます。生まれつき記憶力や理解力が高い子もいれば低い子もいます。これらの能力差を前提とした上で教育でこそ育てるべきものがある。それは「努力を持続する才能」です。努力を持続する習慣をつけることは生きていく力、生きていく能力を育てていくことだ。これが向山実践を支えている能力観です。

> 私は「記憶力や理解力」は劣っていても良いが、「持続力」を育てていくことは大切なことですと思っている。（持続できるという：引用者）この才能は、先天的なものではなく、生活の中で獲得されるものであり、それを獲得させる過程こそ教育（学校・家庭）の大切な内容であると思っている。（向山洋一『子供を動かす法則と応用』明治図書、一四一ページ）

もう一つ、同じくらいの能力があっても伸びていく子と伸びていかない子の違いをもたらすものとして、向山先生は「持続性」と「ていねいさ」をあげています。

> 子どもには、生まれつきの差はそれほどないと考えていた。しかし、同じような能力を持ちながら、年を経るにしたがって差がついてしまう子どもの姿が不思議だった。年とともに伸びていく子どもたちは、環境がめぐまれている子に多かった。（中略）めぐまれた家庭で育った子には、持続性があった。ていねいさがあった。生まれた時からの家庭教育の積み重ねがあった。（向山洋一『教師修業十年』明治図書、一一〇ページ）

3　自ら努力を継続するための手立て

子どもが自ら努力を継続できるように教師はどのように助けたらよいか。努力を継続できるように子どもに努力の見通しを持たせるのが有名な「努力の向山仮説」です。

1. 「努力は段階的に重ねなければならないが、成長は加速的に訪れる」
2. 「初歩のレベルは一〇〇の努力」
3. 「学級内の一人の成長は波及効果を持つ」
4. 「努力の持続度はあることを過去一〇〇日間にやった日数で示される」

これらの仮説をスポーツ選手や将棋の名人などのエピソードを交えながら子どもたちに語って向山先生は子どもたちを励まし続けてきたのです。

> 下手な子を上手にするための指導にあっては、上達の見通しを示してやることが第一の要件である。教育は、学習者自らが学べるようにすることが本質的な目標である。見通しを持った子は、自ら学び始める。いかにすぐれた指導方法よりも、このことの価値は高い。いや、すぐれた指導方法は、見通しを持って自ら学び始めるような子を育てる内容を含むべきである。（向山洋一『授業の腕をみがく』明治図書、一七六ページ）

4　継続して努力する能力を育てる　日記指導

めぐまれない家庭環境の子にも継続して努力する習慣をつけさせようと向山先生が課した家庭学習がある。毎日机に向かうことと日記を書くことです。

> ぼくは、子どもたちに、毎日机に二時間向かうことを希望した。何をしてもいいから、とにかく二時間机に向かうことを要求したのだった。ある時間、束縛されるのはつらいことにちがいなかった。だか

らこそ、それが習慣化された時、大きな力を持つと考えていた。（中略）努力の持続性は、過去百日間の規則的作業をやった日数であらわされる。日記を例にとれば、きちんと長く書いて一点とし、手をぬいた時・まとめて書いた時を〇・五点とし、ぬかした日を〇点として合計を出す。九〇をこえれば優秀であり、六〇を割ると要注意である。（向山洋一『教師修業十年』明治図書、一一〇〜一一一ページ）

吉岡くんと同級生だった名取伸子氏が当時の日記指導を次のように語っておられる。

いちばん印象に残っているのは、日記を書くことなど「毎日毎日努力すること」です。とても大変でしたけど、「やるかやらないかは自分次第」「やり続ければ、先生が絶対に救ってくれる」という思いで、毎日必死でやっていた気がします。とにかく「丁寧に書く」とか「きちんとする」とか、そういうことを毎日毎日やっていた印象です。（『向山学級・名取ノート徹底解明講座第1回記録集』東京教育技術研究所、一四ページ）

5　遅れた子への作業指導の3つの視点

吉岡くんは学習の遅れのある子だった。向山先生は遅れた子への「作業指導」に関して次のように述べています。

一斉授業中における作業を通した個別指導は、学習内容が定着しにくい子に対して、定着させるために行うのである。（向山洋一『授業の腕をみがく』明治図書、一八二ページ）

作業内容は次の3つの視点で評価する。

①ていねいにやる。
②続けてやる。
③終わりまでやる。（前掲書、一七九ページ）

この具体例として、ミニ定規で線を引く、消しゴムを使わず二重線で消す、補助計算などの向山型算数における作業指導が思い浮かびます。

私は障害者の職業訓練をずっと仕事としてきました。この作業指導の3つの視点は職業訓練の視点とまったく同じなので驚きました。仕事ではまずはスピードよりもミスがないことが求められます。早くやることよりも正確にやることが求められます。いくら早く完成させたとしてもひとつでもミスが出ると一つひとつ検品をしなければならなくなります。かえって手間がかかってしまう。まずミスなく正確にやることが第一優先です。正確にできるようになったら徐々にスピードを上げていく。そのために大事なのが丁寧にやることです。

6　丁寧に正確にやることを求める

向山先生は吉岡くんを担任して二日目の宿題で、国語の詩を二回書き写してくる宿題を出しました。名取伸子氏はその宿題がとても強く印象に残っていますとおっしゃっています。

私のなかでとても強く印象に残っていることで、宿題で「国語の詩を二度書いてくる」というのがありました。確か「かあさんが・・・」という詩だったと思います。ノートに詩を書いて提出しました。評価は何を頂いたのかは忘れましたが、向山先生はみんなにコメントをされました。そのときに、「正確であること」それから「丁寧であること」、この二つのことを焼き付けられました。

「正確である」とは、点や丸を含め、漢字をひらがなに勝手に変えることや行を勝手に変えたりすることは当然ダメですし、詩というのは行頭がそろっていなければならなくて、書いているうちに斜めになったり、バラバラになったりするとダメでした。

「丁寧である」とは、殴り書きは当然ダメで、消すときもきれいに消さなければダメでした。そういうことを教えてもらいました。（『向山学級・名取ノート徹底解明講座第1回記録集』東京教育技術研究所、八ページ）

向山先生は計算が早い子に見られる「ウッカリミス」について次のように述べています。

早くするために書き方が乱雑になり、位取りがずれたりしているのだ。（中略）実はこの種のまちがいは「ウッカリミス」とよく言われる。しかし、これは実力なのだ。一つ一つのことに対していねいに、全力をあげてやる子には見られない。何をしても中途半端であったり、雑である子に多い。「忘れ物とウッカリミスは比例する」と、ぼくは子どもに言う。今まで、いいかげんにやっていたことの結果なのだ。「ウッカリミス」は、その場の心がけだけでは直らないと思っている。（向山洋一『教師修業十年』明治図書、三〇ページ）

遅れた子に対する向山実践は努力の継続とていねいな作業態度を二つの柱に生きていくための能力を育てていたことを再確認しました。

六　吉岡くんはなぜ変わったか（６）名取伸子さんの証言

１　最初からいっしょで意識することがなかった

吉岡くんと同じクラスになった名取さんが当時を振り返って語っています（引用に当たって「S君」を「吉岡くん」と変換します）。

> 5年1組には、吉岡くんがいました。私は、5年生で初めて吉岡くんと同じクラスになったのですが、その吉岡くんのことを「ちょっと変わってるな」などと意識したことは一度もないのです。4年生までに「隣のクラスに、ちょっと乱暴で、2階の教室の窓から外へ物を投げる子がいる」ということを聞いて知ってはいました。
> ですが、5年生になってからはそんなことは一度もないですし、「そんな特別な子がいる」ということもまったく意識しませんでした。今、それはなぜかということを考えてみますと、まさに5年生がスタートした日から向山先生がそこにいて、向山先生の考えがそこにあったからだと思います。
> その考えとは、「先生は、ひいきや差別はしない」「子供たちにもそれを許さない」ということだったのです。（中略）それから、最初の日から「人間はみんな平等だ」ということもおっしゃっていました。

また、向山先生は「公平という言葉は嫌いで、平等という言葉が好きだ」とおっしゃっていました。「今の自分がいて、自分がひとつ努力をすれば伸びるし、自分がひとつ怠ければダメになっていくんだ」と、すごくシンプルに教えてくださったというイメージがあります。

みんなが同じスタートラインに立って、自分が努力をするかしないか、ということです。それは、当然吉岡くんにとっても同じだし、裕福な家庭の子にとっても同じだし、私のような普通の子にとっても同じです。そのような印象を受けました。（『向山学級・名取ノート徹底解明講座第1回記録集』東京教育技術研究所、七ページ）

この名取さんの証言は拍子抜けするぐらいあっさりしていて驚かされます。スタートの日から一度も吉岡くんを乱暴な子だとか、ちょっと変わった子だとか、意識したことがないと言っているからです。逆に言えば、それだけ向山先生が吉岡くんを中心に学級経営を綿密に準備され、日々実施されていながら、同じクラスの生徒たちには吉岡くんが先生によって配慮されているとは全く意識されないものだったということです。向山先生は吉岡くんを個別に支援しながら、その支援がクラスの他の生徒たちにも違和感がなく同じ教育活動の中に溶け込んでいた。この意識させない配慮を向山先生は「全体の中で無理なく褒める」とおっしゃっています。

2　全体の中で無理なく褒める

「出会いの序章〈開幕のドラマ〉〈『スナイパー』№３〉に始業式で名札をつけていた吉岡くんたち３名を褒めたエピソードがさらりと書かれています。この時の向山先生の意図を次のように語られています。

まず、私がしようと思ったことは、その子がどんな状態にあっても、最初にあったその日に褒めるということでした。そこで、私は最初の日にジーンズを履いていきましたね。つまり、吉岡くんがジーンズを履いてきているだけでも褒めようと思った。その子が立っている場所がきれいなだけで、それだけでも褒めようと思った。結果、全体のなかで無理なく褒めたんです。何を褒めたのかというと、名札をつけていた子が4人だけいて、その4人の中の一人が吉岡くんだったんです。私はね、それまで名札をつけてこいなんてことを子どもに言ったことないですよ。基本的に名札をつけてくることには反対だったんです。（笑）（中略）しかし、その時は吉岡くんを褒めました。「名札をつけている子は素晴らしい！　先生は、この4人の名前だけを覚える」後の子は誰も名札をつけていないので名前を覚えないといったんですね。つまり、どんなことがあろうとその子を褒めようと思ったんです。（『向山学級・名取ノート徹底解明講座第2回記録集』東京教育技術研究所、一三ページ）

3　特別扱いに見えない特別扱い

本書四九ページに始業式の後の学級指導で「毎日二時間、机に向かいなさい」と要求する場面が出てきます。

そして毎日二時間、机に向かうよう要求した。吉岡をのぞいてみんな手を上げた。吉岡は自信がないというのだ。その正直さをほめ、吉岡は努力目標でいいことを話した。他の人間はやるといったのだから、やらなかったらその人間はどうなってもしらないと宣言し、四十分を終えた。そのあと二時間、何も手がつかないほど、つかれていた。

ここでも向山先生は吉岡くんを褒め、努力目標でいいと救済措置を出しています。絶妙の対応です。全体の中で無理なく特別扱いをしています。

3章 翔和学園は『向山洋一は障害児教育にどう取り組んだか』をどう使っているか

【大場龍男・伊藤寛晃】

一 翔和学園の新人研修用おすすめ本

1 翔和学園必読書（全員に無料で渡される）

1 向山洋一『教師修業十年』
2 向山洋一『授業の腕をあげる法則』
3 向山洋一『子供を動かす法則』
4 向山洋一『学級を組織する法則』
5 向山洋一『いじめの構造を破壊せよ』
6 向山洋一・大場龍男『向山洋一は障害児教育にどう取り組んだか』
7 伊藤寛晃『翔和学園　生きる気力を育てる発達障害教育』（以上全て明治図書）
8 本多和子『発達障害のある子どもの視覚認知トレーニング』

2 おすすめ本

1 教室ツーウェイ4月号　黄金の3日間特集（明治図書・学芸みらい社）

2　宮尾益知　『発達障害の治療法がよくわかる本』
3　佐々木正美　『いい人間関係ができる子に育てたい』
4　佐々木正美　『子どもの成長に飛び級はない』
5　杉山登志郎　『発達障害の子どもたち』
6　安田泰敏　『命を救う「ふれあい囲碁」』
7　子どもが熱中する「向山式学習システム」（向山洋一教育実践原理原則研究会）

二　神髄は「障害を持つ子を担任するときにどんな準備をするか」にある

翔和学園には通常の学校に通えなくなった発達障害の生徒が通ってくる。指導が困難な生徒を担任することになった教師からは翔和学園のメーリングリストに様々な報告が送られてくる。そのメールに対して伊藤先生が返信する場合には必ず『向山洋一は障害児教育にどう取り組んだか』の中の「障害を持つ子を担任するときにどんな準備をするか」を引用してアドバイスがなされる。色々な生徒の指導について何度も何度も「障害を持つ子を担任するときにどんな準備をするか」に立ち返るようにと伊藤先生から教員研修がなされるのだ（大場）。

1　暴れる高校生の新入生についての新人教員からの報告メール

平山（仮名）
5／12　今日のAくんの様子（K眼科受診）

9：00過ぎに登校。1番教室にすぐさま行き、「鉄道ジャーナル」を読み始めるが個別のスペースで出発まで鉄道の本を見て過ごすことを伝えるとすぐに移動。出発までの時間、静かに本を読んで待つことができた。その後、出発。本を読むのをやめて、移動することができた。

丸の内線中野坂上駅改札を入ったところで、みんなで集まっていると、階段下から列車の入っている音が聞こえたため、Aくんは走って階段を下りていこうとしたところ、近くにいたHくんが腕をつかんで止めた。それにAくんが怒ってほっぺたをつねりに行ったところを平山が止める。その後ずっと声がでていた。

電車に乗った後もHくんに近づきほっぺをつねろうとしたために平山が止めに入った。その後、電車の中では車窓から見える別の列車の様子が気になり、ずっと見ていたが、別の車両に移っていこうとしたところをドアのそばにいたTくんが止めると、Aくんは怒ってTくんの顎を噛んだ。すぐに平山が止めに入った。そんなにつよく噛まれなかったため、怪我はなかった。小田急線にのると、かなり空いていたためか、一切声は出ず、落ち着いて電車に乗っていた。（中略）

K眼科では、すぐに順番が来たが、大きな声がずっとでていた。最初の機械で気球の絵をみるやつは、なんなくできた。次の、アンパンマンの鼻を見て、視線の検査をするのは、なんとかできたが、検査者のほっぺをつねる行為が一回あり、平山が止めに入る。

次の視力検査では、ひらがなを読んで視力をはかるのは、やっている最中に検査者の女性の方に襲い掛かろうとしたので、平山が止めた。一旦落ち着いて検査を続けることができたが、見えていない様子で「これは？」と何度も聞かれるのがとても嫌そうでイライラしていた。

次の検査では、画用紙の検査道具を折り曲げてしまう。ストップウォッチやその他の道具を勝手に取ってしまうなど、大きな声を出して不安定な状態だったため、検査を取りやめ、1階まで降りて、外でクールダウンした。だんだん落ち着いてきた。

帰りの電車の中では、空いている時は静かに乗っていたが、混んでくると大きな声がでるようになってきた。また、Aくんは出入り口のドアから車窓を眺めるのが好きなようで、必ずドア付近に立って、外を眺めていた。

電車を降りて、改札に向かい階段を昇っていく途中で、電車が入ると、その電車を見に、階段を下りていくことがあった。（エスカレーターの時はしない）電車を見て、納得するともどってくることができた。

学校に戻ってくるとすぐさま1番教室に行き、「鉄道ジャーナル」を読んでいた。

お昼は自分の個別スペースで食べた。

Aくんの様子をみて思ったのは

> ①何度もしつこく指示を受ける。
> ②自分の行動を制止させられる。

①②のときに暴れてしまうことが多い。そのため、指示は端的に一回で。指示が通らない時には、紙に絵や文字を書いてそれを見せると良いかと思います。今日は帰りに当番の仕事になかなか取り組もうとしなかったので、鉛筆削りの絵を描いて（彼の当番は鉛筆削りのかすをすてることです）「とうばんをします」と書いて、読ませたらさっと動くことができました。

また、暴れている時は別ですが、いきなり手を引っ張るような静止の仕方はパニックを引き起こすので、特に生徒や実習生にもその旨を伝えていくことが大事だと思いました。ただ、こちらが見てよく分かっない中で大きな声が出たり、怒ったりすることもあるので、一概にはいえませんが、彼の中には何かがあるのだと思います。

2　伊藤先生からの返信　担任するときに5つの準備をしたか

伊藤寛晃

5／13　平山先生、ありがとうございます。

＞Aくんの様子をみて思ったのは

＞①何度もしつこく指示を受ける。
＞②自分の行動を制止させられる。

＞①②のときに暴れてしまうことが多い。そのため、指示は端的に一回で。指示が通らない時には、紙に
＞絵や文字を書いてそれを見せると良いかと思います。
この「みて思った」①と②のまとめがさすがと思います。

さて、大場先生の本で「三　障害を持つ子を担任するときにどんな準備をするか」という節があり、5つの項に分かれています。

1. 記録を何度も読んで分析する
2. 教育は可能か　根本的な方針を問う
3. 母に会いに行く
4. 自分の弱さを射続けよ
5. 綿密な計画なくして成功なし

Aくんが大変かどうかという以前に、教師がこの5つを実行したかどうかです。

〈1〉記録を何度も読んで分析する

「1. 記録を何度も読んで分析する」にある内容の中で、「行動（の記録）への所感」が極めて重要です。平山先生の「みて思った」の部分はこの「所感」と似ています。もちろん、昨日1日の記録ですからまだ「根源」にまで届いていませんが、その可能性を感じます。

だから平山先生は「さすがだ」と思ったのです。

〈2〉教育は可能か　根本的な方針を問う

「2. 教育は可能か　根本的な方針を問う」において向山先生のすさまじいまでの行動力が見られます。52冊の本に目を通し、必要と思われる20人近くの人に会いに行く。質でかなわなければ量で勝とうなんてよく言いますが、実際には質で勝てない場合、量についてはさらに大敗しているものです。才能とか要領のよさなどではなく、やはり、高い質の仕事は「量」に支えられているものです。

さて、本の中で大場先生は「根本的な方向性」という言葉で吉岡くんへの「課題」をまとめています。「根本的な方向性」を定めることがとても重要だということです。ただ、大場先生の次の言葉は重たいです。

「しかし、その実践にはより多くの困難がありました。その困難さは障害児教育にたずさわる教師に共通しています。教師のいたらなさを障害のせいにできるということです。そこに障害児教育の教師が陥る怖さがあります。」

〈3〉母に会いに行く

向山先生は

（1）何を母に聞くか

（2）何を母に伝えるか

（3）何を母に要望するか

をまとめてから母親に会いに行きました。こういうのを「意図的な仕事」であると私は思っています。Aくんのお母さんや場合によっては前在籍校から情報を得る必要があります。「聞くこと」にも「伝えること」にも明確な意図を持つ必要がありますね。

さて、この項のまとめに大場先生は次のように書いています。

「障害を持つ子の教育を行う教師は障害や特異な行動に目を奪われどの子にも共通する課題を忘れがちです。教育の根本がぶれるのです。」

15年前、これから特別支援教育を始めようとしていた私に、この文章は強烈なインパクトを与えました。ずっとずっと変わらぬ、翔和学園の根底を流れる思想となっています。

当時、翔和学園に異動になり、私が最初に手にした本が大場先生の本であった運の良さを私はつくづく実感しています。その半年後、ある日突然「大場龍男」という差出人から個人メールが届いたときは、「奇蹟」を感じました（笑）。

〈4〉自分の弱さを射続けよ

下欄で向山先生は以下のようにコメントしています。

「吉岡くんの暴力行為は、『自分が生きていることの証し』なのだと向山は考えた。困ったことではあるが、それは吉岡くんにとっては『生き死に』を賭けたほどの大切なことなのだと向山は思ったのだ。」

この「吉岡くん」を「Aくん」に変えてこの文章を読む。

さらにこのコメントの上にある向山先生の文章も以下のように「Aくん」を主語に変えてみる。

〈結論〉Aの暴力は自己主張のあらわれであり、生命あるものが生き続けている叫びである。

〈原点〉Aの叫びと痛みを己のものに
〈方向〉Aに生きてゆく喜びを！　Aにロマンと夢を！

Aに自信と存在感を！　Aに獲得された能力を！

〈保証〉ごまかしの全く通用しないAに、ごまかしのない教育を持続させることができるか⁉

自分のうそ、弱さ、ごまかし、甘さを射続けることができるか⁉

己をターゲットとせよ！

己のスナイパーとなれ！　学級通信「スナイパー」誕生

私はこのような読み方で、この本を何度も何度も読み返してきました。

〈5〉綿密な計画なくして成功なし

「5．綿密な計画なくして成功なし」の項に書かれている向山先生の計画はまさに綿密です。私たちはこれだけの計画を立ててから実行しているかどうかということです。

ここでの苦労を割引すると、場当たり的な指導のツケで目の回るような日々を送ることになります。そして、それを、子どもや、親や、同僚や、組織のせいにしてしまうのです。向山先生でさえこれだけの計画を立ててから動いているのです。それをしもしないで、上手くいくはずがないのに、それをやらず、必然的に上手くいかない。そんなことをくり返していくような仕事がしたくてこの仕事を選んだのかどうか。私はこのような自問自答や自己嫌悪をくり返してきました。

5つの項からなる第三節を大場先生は以下のように締めくくっています。

「この向山先生の分析や学級経営案を読みますと、教育は教師による意図的な仕掛けの連続であるとあらためて思えます。障害児への向山実践も太い骨格の部分では全ての子どもたちへの教育実践と全く同じです。すなわち、第一の課題は劣等感の克服です。誰でも可能性のあること、まちがえるから成長する、他人とくらべず自分の成長を見つめることを強調します。第二の課題は教育技術によってできないことをできるようにすることです。第三の課題は人格的な成長をさせることです。努力を継続させたり、ルールに従ったり、人の役にたつ行動をとれるようにさせることです。」

今でも日常的に私がよくする言葉がズラリと並んでいます。
若かりし伊藤のパクリ細胞がいかに活発に働いていたかということです（笑）。

長々と書きましたが、要するに、
①大場先生の本を読んで
②書いてある通りにやる
ことを勧めているのです。

そうやって、この学園では世間から「奇蹟」と呼ばれるいくつもの実践が生まれたのです。
まあ、やってみてください！　やってみればわかりますが、手ごわいのはAくんではなく、教師である自分自身の弱さであることを痛感しますよ！！！　あとは、やるか、やらないかのどちらかです。「けっこう頑張ってる」なんていう中間はないのです。やるか、やらないかです。さあ、翔和プライド、翔和品質の見せ所です！！！！

大場龍男

6／2　伊藤先生、　大場です。

5月13日頃の伊藤先生のメールで『向山洋一は障害児教育に・・・』について書いていただきました。あの本の向山実践に触れる方は多いのですが、私の地の文章をとりあげてコメントしていただいたのは初めての気がしました。

とても嬉しく思いました。自分で読み返しても「さえて」いて自分が書いたとは思えません。何かにとりつかれていたのでしょう。そんなことを思いました。返信が今頃になりましたが感謝しています。

3　翔和学園の各種トレーニングの目的はどこにあるか

伊藤寛晃　学園長通信「翔和哲学の種」15号（2017/05/24）

翔和学園では運動・視知覚・聴き取り等、様々なトレーニングの時間があります。

勘違いしてはいけないのは、「まずトレーニングがあるのではなく、子どもの困り感があってトレーニングがある」ということです。子どもの困り感をとらえることもなく、ただトレーニングをしていないかどうか点検してみてください。「やることになっているからやる」仕事は「ただやっているだけ」の仕事です。

昨年、Ａくんへの指導について以下のようにＭＬに発信しました。

（文中に出てくる平山先生というのは長野県教育委員会から1年間の期限付きで派遣された先生です。Ａくんを担当し、とても素敵な仕事をしてくれました）

さて、大場先生の本で「三　障害を持つ子を担任するときにどんな準備をするか」という節があり、5つの項に分かれています。（以下前記と同じ引用が続く　省略）

トレーニングは、大場先生の言葉にある「意図的な仕掛けの連続」のなかにあるひとつの「仕掛け」です。ですから、「意図的」であり、「連続」性がなければいけません。

①意図的であるか

②連続性があるか

これを点検してください。そして、成果を上げなくてはいけません。

その成果についても大場先生の言葉を借りると以下のようになります。

①第一の課題は劣等感の克服です。

　誰でも可能性のあること、間違えるから成長する、他人とくらべず自分の成長を見つめることを強調します。

②第二の課題は教育技術によってできないことをできるようにすることです。

③第三の課題は人格的な成長をさせることです。努力を継続させたり、ルールに従ったり、人の役に立つ行動をとれるようにさせることです。

これは翔和学園の教育理念である「人間の生きていく気力を育てる」ともぴったりと重なります。つまり、トレーニングの結果が「劣等感の克服」・「できないことをできるようにすること」・「人格的な成長をさせること」に（間接的にでも）つながっているかが肝心なのです。

〈結論〉は出せているか！　子どもの困り感の根っこをとらえることができているか。
〈原点〉にたどり着けたか！　子どもの困り感を我がものにできているか。
〈方向〉は決めたか！　あげるべき成果としての目標を決めることができているか。
〈保証〉しているか！　最後までやり通しているか。

このような連続性の中に位置づけられた一つの意図的な仕掛けが各種トレーニングです。

4章 翔和学園の実践　暴れん坊のAくんが笑顔で「また明日ね」と帰る日

【伊藤寛晃】

『向山洋一は障害児教育にどう取り組んだか』（一四ページ）に障害を持つ子どもを受け持った時に教師が行うことが明確に示されている。

> ①要録を見る。
> ②旧担任の記録をもらう（口頭ではなく文書でもらうのが原則）。
> ③母親と面談する。
> ④関係ある本を読む。
> 　以上の結果として、
> ⑤「現状の確認、病状の確認、基本的な判断」を下し、基本方針を出す。

さらに、このことについて向山洋一氏は以下のようにコメントしている。

> ⑤が大切だ。とりあえず、判断と方針を確定させることである。うまくいかなかったら、修正していけばいいのだ。一番駄目なのは「様子をみる」ということで、何もしないことだ。

※翔和学園では、④については「医師や心理士等の専門家に会いに行く」ことに重点をおいている。

翔和学園での実践例を以下に紹介する。

1　判断と方針を確定させる

Aくんは、中学2年生の4月に私立中学から転入してきた。

帰りのホームルームで全員に時間割を配布すると、Aくんが挙手。

「体育の授業が少ないのでもっと増やしてください」と静かに丁寧に言った。

私は、時間割は変えられないことを伝えた。

すると、突然机を蹴り倒し、椅子を投げ、「体育の授業を増やせ！」と叫び、誰彼かまわず蹴ったり殴りかかったりした。

私がそれを押さえ、補助の教員が生徒たちを教室の外に避難させた。

その後も私の首を絞めたり噛みついたりしながら「体育の授業を増やせ」と1時間以上暴れ続けた。

転入前の面談や体験授業では、Aくんはどちらかといえばおとなしかったが、「これは特別な対応が必要だ」という予感はあった。

Aくんについては、担任だけでなくチームで指導にあたることになっていた。私がリーダーとなった。春休みのうちに、冒頭に述べた向山氏が示す5つの項目についてチームで実行した。

①要録を見る・②旧担任の記録をもらう

転入前の学校から引き継がれた情報は、成績や出欠席等が中心であった。指導の大変さ等については一切書かれていなかった。生活面についても委員会活動等の表面的なことしか書かれていなかった。

③母親と面談する
入試面接も含め、入学前に保護者と三度面談した。

ＡＤＨＤとアスペルガー症候群両方の診断。

ＩＱが１１０を超えていて知的には何の問題もないということであり、話題の中心は聴覚過敏についてであった。

④関係ある本を読む（「医師や心理士等の専門家に会いに行く」）
医師からのアドバイスは二点あった。

一点目は「教室後方にリラックススペースや休憩机など設置する」こと、二点目が「『いいわけ』（ヘルプカード・合図など）を作ってあげる」ことであった。

落ち着かない・教室を出てしまう・トイレに行ってしまうなどの行動に対する罪悪感・疎外感をなくしてあげるための対応である。

⑤「現状の確認、病状の確認、基本的な判断」を下し、基本方針を出す。
Ａくんの問題点は、「聴覚過敏」と「多動」であると判断。

具体的な対応は、
・リラックススペースを作ること
・リラックススペースにはヘッドフォンを設置し、Ａくんの好きな曲が聴けるようにすること

・ヘルプカードを使用すること

春休みにこのような準備をしてAくんを迎えた。

しかし、この「判断」と「方針」は、全く見当外れであった。

転入初日から、殴る・蹴る・首をしめる・噛み付く・机を蹴る・いすを投げる等の暴力が毎日繰り返された。

Aくんの身長は180センチを超えていた。

彼の暴力は、まったく手加減がなく、暴れる時間が長く、興奮状態は数日続くという特徴があり、落ち着いてからも出来事をふりかえったり反省したりさせることができない。

学生たちになんとかAくんを受け入れてもらいたくて、「誰にでも優しい人が好き」をテーマとした学級開きを行った。それ自体はうまくいったが、まわりの学生たちの優しさも正義感も彼の暴力に圧倒された。

2　方針を修正する

向山氏は、「うまくいかなかったら、修正していけばいいのだ。一番駄目なのは『様子をみる』ということで、何もしないことだ」と述べている。

保護者と再び面談をした。

私はストレートに「まだ話されていないことがありますよね」と切り出した。

保護者から改めて聞いた話は要旨以下の通りであった。
①前の中学校では毎日暴れていた。いつでも連れ帰れるよう保護者が車で待機していることを条件に登校を認められていた。
②一時間以上学校にいられたことはほとんどなかった。

③病院や療育機関でも受け入れを拒否され転々としてきた。
④半年待たされてやっと受診できた有名なクリニックでは、著書が何冊もある有名な医院長から「八方ふさがりですね」と言われてしまい、最近病院を変えたばかりであった。

私が、「どうしてそれを教えてくれなかったんですか?」とちょっと責めるような口調で質問すると、保護者は涙目で「お伝えしていたら、この学校に入れてくれましたか?」とおっしゃっていた。

「合否の判断のためではなく、Ａくんにより良い指導をするためにこの情報が欲しかった」と伝えようかと思ったが、口に出せなかった。

「仮に事前に知っていたとしたら何かいい策があったのか?　結局今と同じ結果だったのではないか?」。そう思ったからだ。

当面の方針は、

> 望ましくない行動は無視し、望ましい行動を褒める

であった。

特に激しいパニックがあった翌日、Ａくんはときどき学校を休んだ。

Ａくんが休むと、学生も教員ものびのびしているのが明白なのがとても悲しく感じられた。

「来てほしくない」。彼が休んだ日のみんなの笑顔が暗黙のうちにそれを伝え合った。

「誰にでも優しい人が好き」。学級開きのこのメッセージが重くのしかかった。

５月。生徒たちの心の健康は著しく損なわれていった。保護者からのクレームが増え始めた。教師の体にはいくつものあざができていた。絞められた首に指のあとがくっきり残っている教師もいた。

5月18日、教職員MLに以下の報告をした。


廊下で椅子を投げる蹴る。

とめてもやめようとしない。

「うざい。どけ。死ね。カス・・・・・・」と暴言を吐きながら暴れる。

押さえつけてとめた。

すると「今日は人に暴力ふるっていないだろ。みんなに迷惑かけないようにここで暴れていたのに。お前こそ暴力だ！」。

少し落ち着いたので手を離すと職員室前へ。

鉄の棒を拾い殴ろうとするジェスチャー。

棒を取り上げるとまたパニックを起こし授業中の教室へ入ろうとする。

引きずり出して押さえつける。

一度落ち着いたが、その後TやYへの暴力、仲間への暴言、さらには教員への暴力と状態は悪くなる一方。

「望ましくない行動は無視」という方針の限界を感じた。


翌日の放課後、職員ミーティングで「もうこれ以上生徒たちを巻き込まない」と決めた。

私は以下の文書を作成し配布した。

Ａくんへの対応について

H○○．5．19　伊藤

現在、彼に対する教育は機能していない。
のみならず、他の生徒たちは心の健康を損ねはじめてしまっている。
よって、抜本的な見直しをする。

彼の問題行動・パニックをさらさない。
彼の問題行動・パニックにより他の生徒に恐怖や不快感を与えない。

これを基本におく。
対応は以下の通り。
①問題行動を以下のように定義する。
・教師や仲間に暴力を振るう
・叫ぶ
・壁や物を蹴る殴る
・極度に仲間を傷つける言葉の暴力
②問題行動が見られたら速やかに個室に移す。その際のルールは別紙の通り。
③個室は倉庫に使用している部屋。６番教室と名づける。

④彼が入室を拒否した場合、無理に連れて行く教員は伊藤・柏田・中村の3名。授業中でも授業を中断して現場に駆けつける。5番教室で授業を行っている場合は他の教員が呼びに行く。
⑤落ち着いて話ができ、反省し、改善ポイントを教示できたら教室へ戻す。
⑥一日の最後は必ず快く終えられるようにする。特に仲間に受け入れられたという成功体験で終えるように。
⑦上記は罰についての話ばかりだが、意地になって「ほめられる点」を見つけ出しほめる回数を増やす。ただし、やみくもにほめることのないように。

職員ミーティングでそれを共有した晩のうちに職員全員で作業に移った。

まず、倉庫を空にした。倉庫を選んだのは、そこが翔和学園のなかで唯一鉄扉であったからだ。内鍵を外鍵に付け替え、インターホンを購入し設置した。

そこを6番教室と名づけた。

彼が暴れたら無理やりでもそこへ入れる。

それが新しい方針の中心である。

新しい方針の内容について保護者に電話して承諾を得た。

本人用の説明書を以下のように作成した。

学校でのルール
・イライラしたら、先生にカードを渡して、自分で6番教室へ行っていいです。
・1日に何度行ってもいいです。

・暴れたときは無理やり入れます。
・暴力をふるったときは無理やり入れます。
・落ち着くまで中で休んでいてかまいません。
・勝手に出てきたらカギをかけます。
・落ち着いて話せるようになったら、インターホンで呼んでください。伊藤先生か山本先生か柏田先生か中村先生がお話ししに行きます。誰が行くかは先生たちが決めます。
・トイレに行きたくなったらインターホンで呼んでください。
※伊藤先生の許可がもらえたら、自分の本やマンガ、ステレオなどを置いてもいいですよ。

これらの作業をすべて一晩で行った。

夜の十一時過ぎ、すべての作業が終わってから大なべにインスタントラーメンをぶち込んで職員室で食べた。皆無言であった。

「監禁」。頭の中でそのことばがぐるぐる回った。

翌日、さっそくその「6番教室」を使うことになった。手順通り彼を6番教室に入れ鍵をかけた。そして、すぐに保護者に来ていただいた。

Ａくんは1時間以上鉄のドアを蹴り叫び続けた。

母親は号泣しながらも私たちの指導に理解を示してくれた。

学校でのルール

イライラしたら、先生にカードを渡して、自分で６番教室へ行っていいです。
１日に何度行ってもいいです。
暴れたときは無理やり入れます。
暴力をふるったときは無理やり入れます。
落ち着くまで中で休んでいてかまいません。
勝手に出てきたらカギをかけます。
落ち着いて話せるようになったら、インターホンで呼んでください。 伊藤先生か山本先生か柏田先生か中村先生がお話ししに行きます。誰が行くかは先生たちが決めます。
トイレに行きたくなったらインターホンで呼んでください。

※ 伊藤先生の許可がもらえたら、自分の本やマンガ、ステレオなどを置いてもいいですよ。

※ ６番教室は山[illegible]君専用のお部屋ではないので、他の人が使うこともあります。

私は無力感でいっぱいであった。

以下、その日の職員MLへの報告文を載せる。


十一時に登校。目つき悪し。薬を飲んでいない。６番教室の使用について説明をしたいのだが、とても話せる状況ではない。

母に頼んで「医師からの指示」ということにして薬を飲むように電話してもらう。信じられぬほど素直に指示に従い薬を飲む。

10分ほどして６番教室へ連れて行く。

本人と中村先生２人きり。

説明を聞きながらだんだん叫び始めた。勝手にルールを決められたことが気に食わないらしい。中村先生の首を絞めたので、中村先生は退出して外からカギをかけた。

どうすれば開けてもらえるか書いてある紙をすきまから入れたがことごとく破られる。

30分にわたり叫びながら激しくドアを蹴り続ける。

「10分たったら戻ります。あっちいってるね」といって離れるフリをすると少ししずまった。しばらくしてまた激しくドアを蹴り続ける。

「警察を呼ぶぞ」と彼が脅してきたので、「警察が来たら捕まるのは、先に暴力を振るった君だ」と伝える。理解したようだ（納得はしないが）。

少しおさまったのでドアを開けると、激しく暴れて外へ出ようとする。中村先生と伊藤で抑えても暴れ続ける。

「10秒以内に静かにしないとまたカギをかけます」と伝え指折り数えて見せると、5秒ほどでおとなしくなった。しかしまたすぐに暴れる。

これを3回繰り返したら暴れるのはやめた。

今度は恐怖心を前面に出し泣き叫ぶ。

謝ってきたり、土下座して頼んできたりしたが、落ち着く様子が見られなかったので無視。とても話ができる状況ではなかった。

すると今度はベッドのマットの下に隠れひどくおびえる。

顔を出したときにこちらから話しかける。するとまた隠れる。これを繰り返す。

とうとう出てきて我々の前に座り話し合い。

こちらは2点のみを強調して話した。

・暴力は許されない。

・今日はこのあとみんなとフットサルをやってそのあとカードゲームをやって帰るんだよ、とても楽しいよ。

暴力の話をしてもう一度6番教室のルールを説明。約束しようと促す。

暴力については彼から「楽しく遊んでいるのに注意されるときがあるのがムカつく」とあった。「相手も楽しいのかな?」ときくとびっくりしたような表情を一瞬見せ、そのあとは怒りをこらえるようなしぐさ。

また、「ありのままの自分を見てほしいから、暴れているところを見られてもかまわない」と彼。「君はかまわないかもしれないけど、みんなは見たくないんだよ」と伝えるとまた同じリアクション。

「相手にも気持ちがある」ことは、まったくといっていいほど理解されていない。

ある程度落ち着いたので部屋からだした。

そのまま外へまっしぐら。

母を待たせてあるのを思い出したのかすぐに戻ってきた。

その後も伊藤に暴言を吐いたが、暴力を振るったり壁を蹴ったりはしなかった。

結局フットサルをやり、カードゲームを楽しみ、予定通り「楽しい」終わりを迎えられた。

家に帰ってからはひたすら伊藤の悪口を言い続けていたらしい。

気になること
・怖いのに向かってきてしまう。
・褒められることに無頓着。
・他人への貢献に喜びを感じない（漢字プリント）
・パニックを起こしながらも思考力はさほど落ちない。
・底なしの体力
・地獄耳（こちらの呟きを必ず聞き取る。叫んでいてもこちらの声が聞こえている）
・今日、6番教室で1度だけ自分の頭を強く殴る（自傷行為要注意）
・わざわざ人のいるところへ行って暴れる。
それにしても辛い指導が続きますね。

もしも、カギのかかったドアの向こうで怖くておびえて叫んでいるのがうちの息子だったら。

もしも、Aくんにとび蹴りされたのがうちの息子だったら。

もしも、Aくんのパニックにおびえながら授業を受けているのがうちの息子だったら。

もしも、目立つAくんの影で先生と話す機会もなく日々を送るのがうちの息子だったら。

もしも・・・・・。

もしも本当にそうなったら、私は教師を許さないでしょう。

教師という仕事の畏れ多さに打ちのめされそうです。

それでもやるしかないんですよね。

「監禁」。

彼が今日、しきりにこの言葉を使いました。

「カギをかける」という現象のみを取り上げればそうかもしれません。

話だけ聞いた人からは「なんてひどいことを」と非難されるかもしれません。

でもそれは、彼に対する今日一日の私たちの取り組みのほんの一部なのです。

今日、６番教室で「暴力は許されない」ことを伝えることができました（考えてみれば、入学以来はじめて伝えたような気がします）。

楽しいフットサルをさせられました。仲間と遊べる環境もつくりました。それを可能とする学級経営に惜しみなく力を注いでいます。

プライドを持って仕事しましょうね。

当面の課題は
・彼にとってわかりやすいパターン化した学校生活を
・彼を褒めるきっかけを作れるしかけ・しくみを
といったところですね。

私たちが放り出したらもう引き受けてくれるところはないでしょう。

必ず光がさす日が来るはずです。
心をひとつにして、力を尽くしましょう。

3　専門家のアドバイスを受けて3度目の方針

Aくんの指導について、何人もの専門家に相談した。

複数の医師を訪ね、複数の心理士に相談し、以前Aくんの療育を担当していたという大学教授を訪ねたりもした。

これまでの記録や方針を文書で渡し相談した。

無理やり個室に入れて鍵をかけていることなども正直に話した。

相談した医師から「個室へ移すこと自体は悪くないでしょう。ただ、ひるんではいけません」と助言を受けた。

一瞬耳を疑った。

「ひるむな」は彼が入学して以来ずっと方針のひとつとして強く意識してきたのだ。

私たちはそれまで一度もひるんでいないと確信していた。

事実彼のどんな暴力に対しても一度も逃げなかった。

彼の無茶な言い分に一度も妥協しなかった。

望ましい行動を伝え続けた。

そして、どんなに殴られても仕返しもせず彼の前に立ち尽くした。

退学にすることも出来たが、そうはせずとことん関わり続けようと決意していた。

では、医師はどの部分を「ひるんでいる」と感じたのか。

それは、「暴れたらすぐに『6番教室』に移す」というところである。

それについて「ひどいことをする」と非難されるのではないかということは予想していた。

しかし、その医師は「それは悪くない」とさらりと言った。

問題は「すぐに」であった。

「その場で、にこやかに、望ましい行動を伝えるべきです」

医師はそう言った。

私が、「そうすると他の子どもへの暴力が心配ですし、また彼のパニックを長く人前にさらすことになってしまいますが…」と伝えると、「それがひるんでいるということです」ときっぱり。

「その場でやらなければ意味がありません。にっこり笑って望ましい行動を示すべきです。個室へ移すならそれをやってからです」と言われた。

「ひるむな」を方針として掲げてきたのに肝心なところでひるんでいた。

つまり、考え方は合っていたが、やり方がまちがっていたのである。

一歩も譲らない。私たちの「ひるまない」はそれだけであった。

単なる教師の心構えになってしまっていた。

「ひるまない」でＡくんの行動をよくするための「指導」をしなければいけなかったのだ。

2日後のこと。

暴れている彼の前で私は全力で笑顔をつくった（どんなにひきつっていただろうか？）。

「静かにお話しましょう」とにっこり伝えた。

Ａくんの動きが止まった。そして話し始めた。

「僕だって本当はみんなと仲良くしたいんだ。なのに先生たちは僕がキレることばっかり言ったりやったりする。先生たちが僕の行動を放っておいてくれれば僕はみんなと仲良くできるのに」。

「学校はルールを守る練習をするところです。仲間は、ルールを守れる人が好きです」と笑顔で伝えた。

すると彼は、「そのルールがいやなんだ。どうして好きにさせてくれないんだ。好きにさせてくれれば僕は暴れないし、パニックもすぐに治まるんだ」と主張。

「学校はルールを守る練習をするところです。暴れても叫んでも、ルールを守るのです」とまたにこやかに伝える。

「それなら僕、学校辞める」

「どうぞ」。これも笑顔。

彼の方から話題を変えてきて、このやりとりは終わった。こんなことは初めてであった。

一週間もすると暴れる頻度が減り、落ち着くまでの時間も極端に短くなった。

『向山洋一は障害児教育にどう取り組んだか』の中で、大場龍男氏は以下のように述べている。

> **「その実践にはより多くの困難がありました。その困難さは障害児教育にたずさわる教師に共通しています。教師のいたらなさを障害のせいにできるということです。そこに障害児教育の教師が陥る怖さがあります」。**
>
> **「障害を持つ子の教育を行う教師は障害や特異な行動に目を奪われどの子にも共通する課題を忘れがちです。教育の根本がぶれるのです」。**

私たちは、Aくんの暴力をAくんの障害のせいにしていたのです。

①笑顔で
②望ましい行動を教える

笑顔は教師のユニフォームである。
望ましい行動を教える。生徒の障害の有無に関係なく、教師の仕事の基本である。

4　改めて五つの手順を見直し 方針を確定させる

〈記録や資料を何度も読み、書き写していく〉

『向山洋一は障害児教育にどう取り組んだか』をよく読むと、記録を読むにしても向山氏は「何度も」読み、「書き写しながら分析」している。

私たちはここまでしていなかった。

改めて、記録を読み直した。さらに、保護者にお願いして、以前かかったクリニック等の古い資料もあったけお借りした。

当時「書き写し」たメモはたとえば以下のようであった。（今から15年以上前の私にとってはとても難しく感じられる内容で、それこそ何度も何度も読み返した）。

◆WISC-Ⅲ（当時まだ「Ⅳ」は販売されていなかった）

知覚統合優位……目で見て分かるように情報提示する。
注意記憶苦手……相手の言ったことを聞き逃したり覚えていなかったりすることあり。

情報の保持と処理を同時に行うこと苦手。

『単語』苦手………具体的に答えすぎてしまう。あいまいな表現、幅のある表現の理解が苦手。

『理解』…………表面的。文脈を考慮せずルールや習慣を遵守してしまいがち。まずはその場でAのときはこうするけどBのときはこうするというパターンを増やしていく。また、それらの決まりの理由を論理的に話していく。

◆マーガレットデューイテスト（クリニック資料より）

自分と他者の視点・知識の違いに気づく力が弱い。

自分がこう思ったら相手もこう思う、自分が好きなことは相手も好きだろうと考えがち。

自分と他者との視点・知識の違い、自分に不利益がないようなものの言い方を具体的に教えていく。

◆クリニック心理士の所見

ＩＱが平均以上の数値であることに比べて社会性・コミュニケーションやイマジネーションの能力に未熟さが目立ちます。

つまり、文脈が読めず、人の気持ちを推測することが困難であり、興味関心が一部の情報や知識に偏り、自らの行動や思慮の柔軟性に欠ける。

保護者とは毎日のように電話連絡をし、成育歴を詳しくお聞きしたり、「Ｓ‐Ｍ社会能力検査」の質問を検討したりしていった。

検査の質問から彼ができない項目を抜き出して「書き写し」ていった。

・「あとで」「あした」「また」などと言われたとき待つことができる。
・のりづけができる。
・欲しいものがあっても説得されれば我慢する。
・おもちゃなどを友達と順番に使ったり、貸し借りができる。
・乗り物の中や大勢の中でだだをこねたりしない。
・食事の途中でやたらに席を立たない。
・ごっこ遊びをする。（お互いに役を決めて）
・テレビで見た内容を友達どうしで話し合える。
◎学級で決められた役割が自発的にできる。
・地域の行事や催しに親がつきそわなくても、子どもどうしで参加できる。
・人の家にいったら行儀よくしていられる。
・親に言われなくても脱いだ衣類の始末ができる。
◎時間に合わせて計画的に行動することができる。
・必要に応じて用件や要点をメモできる。
・『横断禁止』『危険』などの標識がわかり、指示に従える。
・友達などへ自分から年賀状などを書き、あて名を書いて出すことができる。
◎学級会で自分の意見を述べられる。
・学校や地域のクラブ活動などにメンバーとして参加できる。
上記の中で「学校でやるべきこと」を3つに絞ったのが◎印がついている項目である。

中には次のような「書き写し」メモもあった。

『みんなのためのルールブック』（ロン・クラーク著　草思社）より、向山先生が提唱するしつけに関連するものをピックアップ

・大人の質問には礼儀正しく答えよう。
・何かをもらったら、３秒以内にお礼を言おう。
・質問には完全な文章で答えよう。
・整理整頓しよう。
・代わりの先生が来たときも礼儀正しくしよう。
・先生にあいさつしよう。
・あとかたづけをしよう。
・だれかとぶつかったらあやまろう。
・お世話になった人にはお礼を言おう。
・まちがいを受け入れよう。

〈根本的な方針を問う〉

改めて、複数の専門家を訪ねた。

これまでの記録や現在の方針を文書にし、「どうすればいいか」ではなく「この方針でいいか」質問して回った。

こうした情報をもとに、あらためて今度は「骨太な方針」の作成を目指した。

Ａくん指導方針

さをり織を日課とする

これを核として、そこから派生する問題を一つひとつ指導していく。

・指導ポイント１〈集団〉毎日決められた時間行う。

①文化祭における全体の中の役割として位置づける。

・指導ポイント２〈作業〉

②織ったものをミシンで加工する。

③手順どおりに加工する。

・指導ポイント３〈ほめる〉

④できたことを褒める。

⑤たとえば

返事ができたとき・指示に従えたとき・落ち着いてできたとき・時間通り終えられたとき・順番を守れたとき・仲間にやり方を教えてあげたとき・後片付けができたとき・やさしく話しかけられたとき・イライラを我慢できたとき・お礼が言えたときｅｔｃ.

※教師とのルール・仲間とのルール等は、この作業の中で「ほめる」ことを通じて入れていく。

・実際の方法

1．登校

①登校時間は限定する。

②基本は、「午前だけ来る」か「午後だけ来る」。

③伊藤に声をかける（伊藤不在のときは中村か柏田）。

※ここで必ずこちらからあいさつ。いずれ自然にあいさつが返ってくるようになるまで強要しない。
声をかけられたことだけでも必ず褒める（またはそれがわかるサインを送る）。

④伊藤から鍵を渡して準備させる。

⑤時程表上半端な時間に登校したときは、次時限の始まりまで読書かお絵かきをして待つ。
（鍵をなくさぬよう、置き場所を作っておく）

2．準備

①折り機の準備。

②糸選び。

③糸の準備。

3．作業A

①時間は準備・片付けも入れて30分（1時限）。

②どんなにキリが悪くてもチャイム5分前に作業中止（教員が開始時間から計算してタイマーセッ

ト)。片付けをはじめる。
③はじめに作品を決めて、それに必要な長さになるまで数日かけて織る。

4．作業B
①必要な長さが織れたら設計図どおりに切ったり縫ったりする。
②はさみやミシンは教員が保管し、必要なときに声をかける。
③時間は30分（1時限）。
※はじめは1時限のみ。作業Bが始まったころから2時限。それを彼の日課とする。

5．片付け
①元の場所へしまう。
②鍵を伊藤に返す。
※「お礼」を言えるようになるか？　どうしかけるか？　待つか？　要検討。

この方針をもって保護者と一緒にAくんの主治医を訪ねた。

主治医から「どんな状態ですか？」と尋ねられたので、「よくないです」と伝えた。そして、「Aくん指導方針」を読んでもらう。

医師は、5分以上かけてじっくり読んでくれた。

はじめて訪問した時は、めんどくさそうにこちらの質問に答えていた。あきらかに相手にされていないのがわかった。後日、「初めて来たときは、アドバイスしたってどうせやらないだろうと思った。そんな教師ばかりだったから。でも、2回目にちゃんとやってきたからこちらも真剣になったんだと思う」とおっしゃっていた。

方針を読み終えると、開口一番「やっぱり薬をかえよう。」と主治医。

さらに、「必要なのは鎮静。副作用が出ちゃうかもしれないけど、もうしょうがない」。

それに対して母が猛反発した。

主治医は、「教育がここまでやってくれているんだ。薬で鎮静させる。そこのところが医療がやること。この子にはそれしかない」ときっぱり。

母は、「そこまでして学校に行かなくてもいいです。家では暴れたりしませんから」。

「この子はいずれ外へ出て行かなくちゃいけないんだから。家では好きなパソコンをやっているだけなんでしょ。今必要なのは外で人と関わること。そうしないとこの子、引きこもりになっちゃうよ。しかも、そうなったら、今まで学校で暴れていた分必ず家で暴れるようになる。学校は上手にやってくれているよ。こちらは医療としてやることをやるから」。

「他に方法はないんですか?」と母。

「あとは入院するしかないね」と主治医。

「どちらにしても鎮静しかない。あとは学校の先生たちがやってくれるから」。

母は号泣したあと、薬のことを承諾した。

その他の場面でも母はとても協力的であった。

複雑な思いもあったと思う。無念さもあったに違いない。私たちの拙い指導に対し歯がゆさもあったことであろう。

申し訳ないと思いつつも、当時の私たちにとってはそれが精一杯の指導であった。

新しい薬に体が慣れるまで1週間、Aくんは欠席した。

薬が効き始めると信じられないほど接しやすくなった。いつも目をつり上げていたAくんの表情が目に見えて穏やかになった。

やっと教育がスタートできると思った。

学校だけですべてを抱え込むことの方がかえって無責任な教育なのだと痛感した。

方針通り動き始めると、毎日あった暴力は週1回程度まで減った。

5　暴力はいけないことをこう教えた

ようやく指導を開始できそうな手ごたえを感じられるようになった。

「暴力はいけないことである」。この1点を教え込むことからはじめた。

二学期、翔和学園の憲法を作ることにした。

「翔和憲法」制定議会を開いた。

「3つの約束」を伝えた。

①議会に参加すること（国民主権）。欠席している間に決まったことはすべて賛成とみなす。

②反対意見は静かに丁寧に言う（基本的人権の尊重）。乱暴な言葉を使う人は発言できない。

③人やモノにあたらない（平和主義）。乱暴したら、話し合いに参加できない。

さっそく私から憲法の原案を配布した。生徒たちもそれぞれ原案を作成した。

いよいよ議会スタート。彼らは懸命に「3つの約束」を守った。議会に参加できず自分に不都合な法案が成立したら困るからである。

私も議員の一人として話し合いに参加した。

私に反論した生徒の胸ぐらをつかんだり、わざと乱暴な言葉を使ったりして見せると、生徒たちは「基本的人権の侵害だ！」とか「平和主義だぞ！」などと興奮した。

次第にAくんが敬語を使うようになった。仲間からの反論にも静かな声でこたえている、こぶしを握り、うなり声を上げながら……。

私は、その都度それを褒めた。Aくんだけが目立たぬよう、他の生徒も多く褒めた。

はじめは、あまり重要でない項目から話し合った。そしてなるべく生徒の言い分を受け入れ、私の案が却下されるよう仕組んだ。

「3つの約束」を守って話し合えばいいことがあると印象付けるためである。

話し合いが始まってから4日目でAくんが暴れた。

議会が始まる直前、Cくんから「バカ」と言われて殴りかかろうとする。

私はそれを制し席に着くように伝えた。もちろんニコニコしながら。

すると、Dくんから野次がとぶ。「先生、その2人を追い出してください」

Aくんは「何っ!?」と言いながら今度はそのDくんに殴りかかろうとする。

私はニコニコしながら席に着くよう伝えた。

Aくんは机を蹴り倒す。

ここもニコニコして「机を元に戻しなさい。乱暴をすると議会に参加できません」

しかし彼は他の机も蹴り倒し教室を飛び出したので、「3つの約束」通りAくん抜きで議会を進めた。

休み時間に彼のところに行くと、もう落ち着いていた。薬を変える前には考えられないことである。

ただ、ここからがまた大変であった。落ち着いてからも、出来事を振り返って反省することがなかなかできないのである。

しょんぼりしゃがんでいるＡくんの横に私もしゃがみ、「今何を考えていますか？　さっきのケンカについてだよね。」とノートに書いて見せた。

医師とＡくんとのやりとりから学んだやり方だ。

「書かなくても分かるよ」とＡくんが言うのをまったく意に介さず、医師はＡくんに話しかける言葉を必ず紙に書いて見せていた。

言葉を削り視覚的な手がかりを与えながら話しかけているのが印象的であった。「簡明の原則」のお手本だと思った。

その様子を思い出しながら真似てみたのである。

すると、彼が自分の言い分を話し始めた。

（Ａくん）「ぼくが何もしていないのにバカって言ってきたから仕返ししてやった」

（私）「いやだよね。そういうときは『先生におしえて』そうしたら先生が注意してあげる」

（Ａくん）「仕返ししなきゃ気がすまない」

（私）「そうだよね、仕返ししたいよね、『でも』一番いい方法は」（『先生におしえて』を指差す）

（Ａくん）「絶対に仕返しする。今までそうしてきたんだから急には変えられない」

（私）「そうだよね。急には変えられないね。それでも」（『先生におしえて』を指差す）

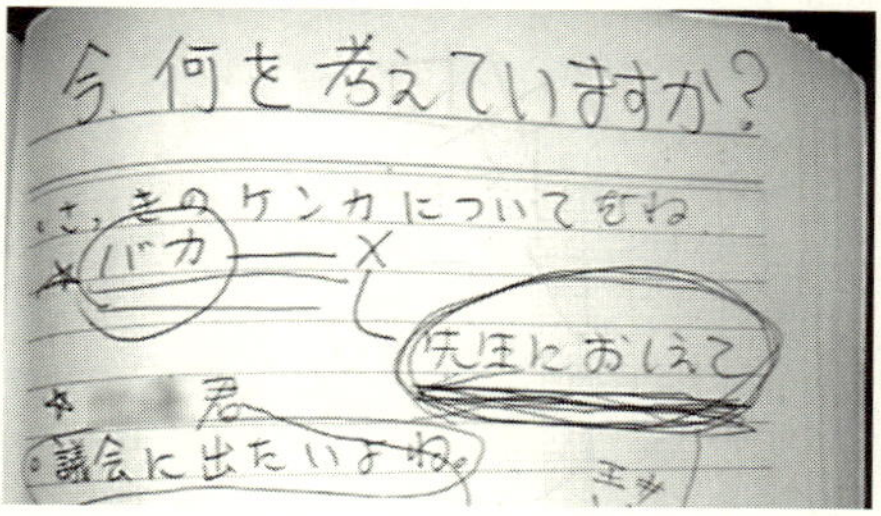

次に、『議会に出たいよね』と書いて見せた。

「出たいよ」とAくん。

「バカと言われも暴力で仕返ししてはいけない」ことを伝え、あらためて「そんなときは『先生におしえて』」と繰り返した。

謝らせることはできなかったが、反論もしてこなかったので議会への参加を許可した。

ところで、このようなやりとりでなかなか反省できない理由を後にAくんが教えてくれた。

教師が使う「でも」「ただ」が原因であった。

彼らにとって、これらの言葉はそのあとに続く説教のスイッチであると感じるようだ。

どんなに話を聞いてもらっても、結局最後に「でもね」といって説教が始まる。

自分の言い分が最後まで通ったことがないというのだ。

子どもの言い分
⇩
「だから」
⇩
子どもにとってほしい具体的な行動

このパターンで話すように心がけている。

実際には「だから」につなぐ言葉がとっさに出て来ない。

なぜか。

私たちは、「してはいけない」ことばかり伝えようとする癖がついているからだ。

端的に、具体的に、「とってほしい行動」を示せばいいのである。

たとえば、「ふれあい囲碁」で負け続けて暴れる。

よくやってしまうパターンが以下のとおりである。

伊「何が嫌だったの？」

Ａ「一回も勝てなくて嫌だった」

伊「悔しかったんだね。よくわかるよ、その気持ち。『でもね』叫んだり壁をけったりしたらいけないよ」

たいていこういう話は聞いてもらえない。

伊「何が嫌だったの？」

Ａ「一回も勝てなくて嫌だった」

伊「悔しかったんだね。よくわかるよ、その気持ち。『だから』嫌にならない方法を考えよう。先生は、練習して強くなるかもうやらないかどちらかだと思うよ。どっちにする？」

このような話し方をしていくと、話をよく聞いてくれた。

このようなことをひとつ学ぶたびに、むしろ私たちの無知や技量不足を痛感した。

今までいかにＡくんのせいにしていたことか。

絶対に子どものせいにしてはいけない。

それを腹の底から実感する日々であった。

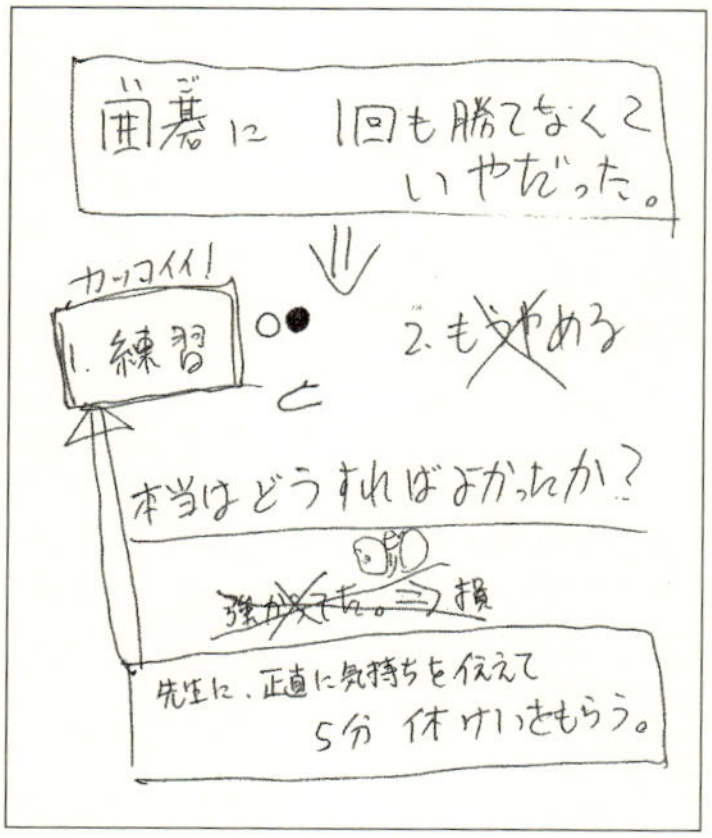

話を戻す。

私の中途半端な指導のため、Aくんは教室に入ってもずっと足で机を揺らし、ガタガタ鳴らし続けていた。

「音が止まったら議会を再開します」と伝え、私は議会を中断した。

数分続いて止んだ。私は、アイコンタクトをとりうなずいて見せ激励のサインを送った。そして議会を再開した。

だが、今度は両足を机の上にのせた。特に議会の妨げにはならないので、それは無視した。

しばらくして足を下ろした。アイコンタクト。

やがて、挙手して静かに発言し始めた。それを、具体的に取り上げて褒めた。

放課後、Aくんは私と少しおしゃべりをしてから、仲間と一緒に笑顔で下校していった。

Aくんは変わった。いや、変わったのは私の方なのかもしれない。

教師の力不足が彼を「来てほしくない子」にしてしまっていたのだ。

そして、いよいよ「暴力は謹慎処分。暴言は即下校」という議案について議論する、勝負の日を迎えた。

話し合い5日目、「仲間にやさしくする。暴力は謹慎処分。暴言は即下校。いかなる理由も認めない。暴力・暴言かどうかの判断は教員が行う。」という私の案について議論した。

私の原案を配布した日、Aくんはこの項目に反発した。家でも大荒れだったらしい。

彼は病院のカウンセラーに相談し、代案をつくってきた。

議会がはじまり上記の議題を提示すると、さっそく彼は挙手した。そして、「専門家からアドバイスをもらってきました」と得意げにメモを読み上げる。

内容は、「暴力をポイント制にして、10ポイントになったら謹慎処分。ただし、いいことをして褒められるごとにポイントを減らすことが出来る」というものであった。

10ポイントまでは暴力が許されるというこのようなルールを、私は絶対に認めるわけにはいかなかった。しかし、彼が信頼するカウンセラーを批判するわけにもいかない。

「なるほど」と感心して見せたうえで、私の考えを示した。

私は、本をたくさん持ってきて生徒に問いかけた。

「髪を茶色く染めたことの罪を本１冊分とします（本を１冊置く）。では、万引きしたときの罪はどのくらいでしょう？」

ここで、以前万引きの指導をしたＲくんが大活躍。前に出てきてありったけの本を積み上げた。

理由を聞くと、「茶髪は校則違反だけど、万引きは法律違反だから」。

つづいて、「茶髪の場合、謝って黒く染め直したら、たいてい許してもらえます」といって１冊の方の本を取り除く。

「では、万引きは謝って盗んだものを返したら何冊分、または何ページ分許してもらえますか？」

ここでまたＲくん。「１ページ分も許してもらえない。だって俺、謝っても交番に連れて行かれたもん」

生徒たちはとても真剣に話を聞いている。

Ａくんは驚いたようにキョトンといる。

さらに、刑法の「傷害」と「暴行」の部分を読み上げ説明し、未必の故意などについても触れた。

最終的には、「暴力は学校のきまりではなく、この国の決まりで禁止されているのです」とまとめた。

Ａくんは「もうわかったよ。でも、どうしてカウンセラーの先生はぼくにあんなこと教えたんだろう？」と問いかけてきた。

私が、「君がまだ小学校低学年だったらカウンセラーの言う通りでよかったのかもしれない。でも君はもう中学生だから。君はもうすぐ立派な大人になるんでしょ」と語りかけると、納得した様子だった。

休み時間に、「先生、これもういらないや。先生にあげる」と言って、例のメモ書きを私に手渡した。

厳しいルールかもしれない。

ただ、以前Aくんに殴られた教員は、頬を腫らし、目に青たんを作り、腕から血を流した。私の首についたAくんの指跡が1週間以上消えないということもあった。

仲間にも容赦なく殴りかかる。

このようなことは、仮に学校では許されても、社会では許されない。もうすぐ大人になる彼（ら）に、どうしてもそのことを教えなくてはならなかった。

それに、私は正義感に満ちた先生たちも守らなければならなかった。

放課後、職員倉庫の扉を開けると、真っ暗な部屋の中で若い男の教員が体育座りをしていた。電気をつけると、肩が小刻みに揺れている。

その教員はその直前、Aくんが蹴り倒した椅子や机を全部自分で直させ、それができたことをAくんの頭を何度もなでながら褒めて下駄箱までAくんを見送っていた。

何度も殴られ、蹴られ、それでもにっこりと笑顔で「机と椅子を元に戻してから帰ります」と何度も繰り返し、結局Aくんはすべての机と椅子を自分で直し、たくさん褒められて帰っていったのだ。

「おい、どうした?」と声をかけると、その先生はゆっくり顔をあげた。

瞼は腫れあがり、メガネはぐにゃりと曲がっていて、こめかみと唇から血が流れていた。

教師の、人間としての尊厳が損なわれかけていた。

「翔和憲法」が完成して数日後、体育の時間にAくんが仲間につかみかかり、止めに入った教員のことを殴った。

電話で報告を受け私が現場に駆けつけた時、Aくんと担任と2人の生徒で状況の確認をしていた。私はそれを近くで見ていた。

２人がＡくんをからかったことが原因であった。２人の言い分は「ふざけただけでＡくんも分かっていると思ったから。嫌だって言ってくれればすぐにやめたのに」というものであった。

それに対しＡくんは「だって先輩が怖くて言えなかったんだもん」と答える。

不快感や恐怖感に対し、避ける・逃げる・言いつけるという方法ではなく、暴力という方法をとってしまうＡくん。彼もつらいのだ。

２人はＡくんに謝った。

すると、Ａくんも教員に謝った。静かに、にこやかに。こんなことは初めてである。

これまで、「ごめんなさい」と言いながら殴りかかってきたことは何度もあった。しかし、こんなに穏やかに、しかも自発的に謝ったのは初めてである。

事態は収拾した。そして、Ａくんが私の存在に気づいた。「伊藤先生、何でここにいるの？」と言ってほほ笑みかけてくる。

本当は褒めたかった。「ちゃんと謝れたから、これでおしまいにしてもいいかな」と私は一瞬ためらいそうになった。

しかし、「翔和憲法」の該当ページを提示してきっぱりと伝えた。

「君に処分を与えにきました」。

人を殴っておいて「ごめんなさい」ではすまないことを知ってもらいたかったからだ。

Ａくんは、真っ赤な顔で歯を食いしばり、涙を浮かべて、唸って帰って行った。

その後、毎日繰り返されたＡくんの暴力は、１年後には２〜３カ月に１度にまで減った。

6 「また明日ね」と帰る毎日

一年半後の文化祭で、彼がさをり織で作った作品はよく売れた。

その頃になると、仲間も教師も本心から彼にこう語りかけることができるようになった。

「また明日ね！」

仲間からこの言葉をかけられる回数と彼らの自己肯定感の高さは比例すると私は思っている。

卒業する年、Aくんは興奮して大声を出すことは何度かあったが、一年間で一度しか暴力をふるわなかった。それも、後輩が仲間にいじわるしているのを注意した時にその後輩が先に手を出してきたことがきっかけであった。

卒業後、Aくんが学校に遊びに来た時こんなことを言っていた。

「昔は人の気持ちなんか考えたこともなかったけど、最近それが気になってきて、考えても結局わからなくて、すごくイライラするんだ。今まではイライラしたら暴れちゃえばよかった。でも今は他の人にどう思われるかが気になるから、暴れることもできない。成長するっていうのも楽じゃないですね」

いくつかのやりとりをした後、にっこり笑いながら彼は次のように言って帰っていった。

「話を聞いてくれてありがとうございました。さようなら」

あとがき

教師は、知らないことを教え、分からないことを理解させ、できないことをできるようにさせ、前向きに生きる力を育くむのが仕事である。

クラスで一番勉強の出来ない子が、汚ないかっこうをした子が「先生、だっこ」と言って、ひざの上にのっかってくるような教師こそすばらしい教師である。

あるいは、いつも五点、十点をとっていた子が、八十点、九十点をとり「先生、勉強って面白いね」と言ってくるようになることこそ、教師が追求しなければならない課題である。

教師の口先の上手な言いまわしの中に教育の姿があるのではなく、一人一人の子どもの事実の中にこそ、教育があるのである。

障害児学級の併設されているある校長先生は熱心な人であった。

「子どものため」になることをいろいろと工夫していた。

しかし、障害児学級の先生は、その校長先生を良い先生と思っていなかった。

「だって、向山先生は、うちのクラスの子をだっこしたり、手をつないだりするでしょう。

校長先生は一回もしないのよ。」

教師の口先のきれいな言葉の中に、あるべき教育の姿があるのではない。

一人一人の子どもの事実と教師の行為の中にこそ、あるべき教育の姿を見つけることができる。

新卒の時、読んだ一冊の本。

近江学園の実践記録だった。

ある子は、言葉を三つしか言えない。

「あー」と「いー」と「うー」だ。

もちろん、それぞれに意味のある立派な言葉だ。

そして、その子はもう一つの言葉「えー」を覚えた。

たった一つの言葉を獲得するのに二年近くがかかっていた。

何という教育なのだろう。

たった一語に二年間だ。

それにくらべれば、私のやっていることなど「へでもない」と思った。

人間の可能性のすばらしさ。

二年間かけて一語を発するという「人間の可能性」を追求する教師のすばらしさ。

教師が、あきらめなかったからこそ、生まれた事実なのだ。

当時、読んだ斎藤喜博の『学校づくりの記』（国土社）とともに、私の教師の始発点の記念碑となった。

私の教師生活も、このように生きていこう。

二年間かけて一語を獲得させたすばらしい教師の道を、私もまた歩いていこう。

駆け出し時代の私は、そう思ったのだ。

学生運動に挫折し「レッテルで人を見るのはよそう。レッテルで判断するのは止めよう」と心に誓っていた私に、もう一つ教師の人生のメルクマールが出来たのである。

私は普通学級の担任であったから、障害児とかかわったのは、それほど多くはない。

しかし、三十二年間で出会った何人かの障害児は、私に「教育とは何か」「教師とは何をするべきか」を、示してくれた。

障害児教育を大切に思わない教師など教師ではないと私は思う。

障害児の教育こそ、教育のそして教師の原点であると思う。

温かく、包み込むように…。

決してあせらず、絶対にあきらめず、ほんの一歩を、いやほんの数ミリを前進させること、それが教師魂なのである。

教師という崇高な仕事を選んだ人間が、心に持つべきスピリッツなのである。


私のささやかな障害児とのかかわりを、あるいは「障害児教育」への思いを、大場龍男君が、まとめてくれた。

大場君は、京都大学経済学部の卒業。

教師を志したが、学生運動をしていた前歴があって採用されず、今、リハビリの施設につとめる。

私とは、いくつかの研究会を共にし、またいくつかの仕事を助けてもらった。

「点字カルタ」「ボランティアカルタ」の文章は大場君が作ってくれたのである。

法則化中央事務局、大場寿子さんのご主人だ。

本書が若い先生方に読まれ、「障害児教育」に対する理解が深まっていただけたらと願う。

二〇〇〇年十月二日

向山洋一

⊙著者紹介

向山洋一（むこうやま・よういち）

東京都生まれ。1968年東京学芸大学卒業後、東京都大田区立小学校の教師となり、2000年3月に退職。全国の優れた教育技術を集め、教師の共有財産にする「教育技術法則化運動」（TOSS）をはじめ、現在もその代表を務め、日本の教育界に多大な影響を与えている。日本教育技術学会会長。

大場龍男（おおば・たつお）

1956年静岡県生まれ。1979年京都大学経済学部卒業後、横浜市総合リハビリテーションセンターを経て2012年から翔和学園勤務。1989年から法則化障害児サークル天下の険で学ぶ。『向山洋一は障害児教育にどう取り組んだか』（共著、明治図書）、『自立を支援する社会生活力プログラム・マニュアル』、『高次脳機能障害のある人への復職・就職ガイドブック』（共著、中央法規出版）。

伊藤寛晃（いとう・ひろあき）

2002年4月より翔和学園に勤務。現在は学園長。翔和学園では、就学から就労まで「人間の生きていく気力を育てる」ことを柱とした一貫した特別支援に取り組む。2014年4月、全国初の官民連携の発達支援を専門に行う学びの場として長野県から誘致を受け長野翔和学園を開校。2015年4月、高IQで発達障害をもつ子ども（2E：2重に例外的な子ども）に対する教育を行うアカデミックギフテッドクラスを開設。

発達障害のある子を担任！
どんな準備をするか
―『向山洋一は障害児教育にどう取り組んだか』に学ぶ

GAKUGEI MIRAISHA

2018年8月1日　初版発行

著　者　向山洋一・大場龍男・伊藤寛晃
発行者　小島直人
発行所　株式会社 学芸みらい社
〒162-0833 東京都新宿区箪笥町31 箪笥町SKビル
電話番号 03-5227-1266
http://www.gakugeimirai.jp/
e-mail : info@gakugeimirai.jp
印刷所・製本所　藤原印刷株式会社
企　画　樋口雅子
校　正　一校舎／菅洋子
カバーイラスト　前田康裕／翔和学園生徒作品
装丁デザイン・DTP組版　星島正明

落丁・乱丁本は弊社宛てにお送りください。送料弊社負担でお取り替えいたします。

©Youichi Mukouyama / Tatsuo Ooba / Hiroaki Itou 2018　Printed in Japan

ISBN978-4-908637-82-7 C3037